中国社会科学院创新工程学术出版资助项目

中国社会科学院国情调研丛书
CASS Series of National Conditions Investigation & Research

中国城市绿色低碳转型路径差异性研究

The Study of Path Differences for Green and Low-carbon Transition of Chinese Cities

蒋金荷 马露露 著

中国社会科学出版社

图书在版编目（CIP）数据

中国城市绿色低碳转型路径差异性研究 / 蒋金荷，马露露著 . —北京：中国社会科学出版社，2021.10

（中国社会科学院国情调研丛书）

ISBN 978-7-5203-0268-5

Ⅰ.①中… Ⅱ.①蒋…②马… Ⅲ.①城市经济—绿色经济—经济发展—差异性—研究—中国 Ⅳ.①F299.21

中国版本图书馆 CIP 数据核字（2021）第 197463 号

出 版 人	赵剑英
责任编辑	黄 晗
责任校对	李 莉
责任印制	王 超

出　　版	中国社会科学出版社
社　　址	北京鼓楼西大街甲 158 号
邮　　编	100720
网　　址	http://www.csspw.cn
发 行 部	010-84083685
门 市 部	010-84029450
经　　销	新华书店及其他书店
印　　刷	北京明恒达印务有限公司
装　　订	廊坊市广阳区广增装订厂
版　　次	2021 年 10 月第 1 版
印　　次	2021 年 10 月第 1 次印刷
开　　本	710×1000　1/16
印　　张	12
插　　页	2
字　　数	201 千字
定　　价	68.00 元

凡购买中国社会科学出版社图书，如有质量问题请与本社营销中心联系调换
电话：010-84083683
版权所有　侵权必究

编选委员会

主　任　　李培林
副主任　　马　援
成　员　　（按姓氏笔画为序）
　　　　　王　岚　王子豪　王延中　邓纯东　李　平
　　　　　陆建德　陈　甦　陈光金　张　平　张车伟
　　　　　张宇燕　高培勇　黄群慧　潘家华　魏后凯

前　言

2016年5月17日，习近平总书记在哲学社会科学工作座谈会上指出（"5·17讲话"），只有以中国实际为研究起点，提出具有主体性、原创性的理论观点，构建具有自身特质的学科体系、学术体系、话语体系，中国哲学社会科学才能形成自己的特色和优势。中国社会科学院为了加强构建"三大体系"建设，启动了国情调研相关研究课题。2019年我们承担了国情调研重大项目"低碳转型下地区经济绿色发展路径选择与差异性研究"（项目编号GQZD2019007），项目为期1年半，计划完成时间在2020年6月，由于受新冠肺炎疫情影响，持续到2020年年底。

坚持绿色低碳发展是中国经济进入新常态、贯彻发展新理念的内在要求，是实现经济高质量发展的重要途径，也是加快生态文明建设的核心内容，把中国建成富强民主文明和谐美丽的社会主义现代化强国的必由之路。"保护生态环境就是保护生产力，改善生态环境就是发展生产力。"当前，中国经济总体上离绿色低碳发展的要求还有不小的差距，存在不少短板，突出表现在：地区间、城乡间绿色低碳发展不平衡；绿色技术力量薄弱、创新能力不足，科技人才短缺严重；清洁生产水平不高，化石能源份额过重；产业结构转型升级滞后，节能环保、新能源等绿色制造业发展不充分和市场需求不足并存，绿色制造业体系尚未形成；资源综合利用效率亟待提高；体制机制创新不足，绿色金融还处于起步状态。同时，中国地域辽阔，地区间差异明显。各地区发展绿色低碳经济应结合当地环境资源状况，探索具有地方特色的发展路径和政策，避免一刀切决策。因此，就中国不同类型地区在绿色低碳发展方面存在的短板及其解决途径和体制机制展开调研，及时总结、提炼典型地区的经验和教训，对于中国经济实现绿色低碳转型具有十分重要的意义。

该调研项目的目的在于实地调研中国不同区域绿色低碳经济发展的进展状况；深入剖析若干典型地区绿色低碳发展实践中，针对不同环境所采取的政策措施；总结、提炼各地具有启发性的经验教训；评估推进绿色低碳发展面临的困难和挑战，识别出重点需要补齐的几个短板；为调研地区促进绿色低碳经济发展提出思路和对策建议。

根据调研项目的目标和中国地区级城市发展特点，我们选择了三类特别具有典型性的城市：生态型城市——浙江省丽水市、制造业创新型城市——安徽省芜湖市、资源型转型城市——广东省韶关市。这三个城市非常适合这次国情调研重大项目的立项要求。各地的调研过程简述如下：

（1）生态型城市：丽水市。丽水市作为"两山"理念的重要萌发地和先行实践地，素有"中国生态第一市"的美誉。山是江浙之巅，水是六江之源，生态优势非常明显。丽水市森林覆盖率达到81.7%，生态环境质量公众满意度连续11年位居浙江省第一，生态环境状况指数连续15年名列浙江省第一（据当地2019年数据）。依托生态优势，丽水市大力发展旅游业，已获得"中国优秀旅游城市""国家全域旅游示范区""国际休闲养生城市"等称号。课题组调研的主要内容是了解丽水市在探索"绿水青山"型制度供给的有效途径、"点绿"成金；通过"生态+""品牌+""互联网+"，探索生态产品价值转化的有效路径等。总之，丽水市各地方政府和行业主管部门都在不遗余力地扎实工作，也取得了很好的成就，尤其在古村落复兴方面，既保留了文化遗迹，又为当地村民提高了收入，解决了就业问题。课题组基于实地调研完成了几篇时政论文，探讨"两山"理念的转换机制，总结丽水市的"两山"转换实践。

（2）制造业创新型城市：芜湖市。调研前，课题组成员都未去过芜湖市，但回来后都对芜湖市的"低调和创新活力"赞不绝口。芜湖市先后获批建设国家创新型城市，成为全国文明城市、国家森林城市、水生态文明城市、数字经济百强城市，入选中国社会科学院评选的改革开放40周年发展最成功的40座城市。调研组参观了各种类型的企业，包括3D打印、机器人以及新能源汽车奇瑞公司等，这些企业都很重视创新、重视人才等，但也都强调高端人才的缺乏。如何让专业人才留住应该是未来芜湖市各级管理部门、企业主管的最大难题。

（3）资源型转型城市：韶关市。提起广东，就会联想到"珠三角""富有"等词，但是，位于粤北的韶关市，正在经历一般资源型城市的困境：如何找到新的发展动能，代替依赖开发资源发展经济的传统模式，并且还要治理过去留下的严重环境问题。尽管困难不少，但是，我们也欣喜地看到韶关市这几年在发展低碳经济、探索绿色转型方面取得了不少成绩和经验，尤其随着国家对粤港澳大湾区的战略布局，韶关市充分利用其粤北的生态屏障和特色农业，进行了发展生态产业的有益实践。

不管是哪类城市，都提到了一个共性问题：对人才的需求，无论是高端专业人才、管理人才还是技术工人。这估计也是中国所有城市未来发展的一大困境。

通过该调研项目，我们对中国不同区域绿色低碳经济发展的进展状况和存在问题有了比较全面的认识。基于此，本书从路径和体制机制方面，对三类城市推进绿色低碳经济发展的差异性进行分析比较，并提出相应的对策建议；同时从国家层面为中国经济绿色低碳发展提出政策建议。

目 录

理论篇 绿色经济相关理论和现状

第一章 绿色经济相关概念辨识 ………………………………（3）
 第一节 绿色经济与绿色增长 ……………………………（4）
 第二节 绿色经济与低碳经济 ……………………………（5）
 第三节 低碳发展与低碳转型 ……………………………（6）

第二章 绿色经济相关理论阐释 ………………………………（8）
 第一节 外部性理论概述 …………………………………（8）
 第二节 征税和排放交易体系 ……………………………（10）

第三章 中国绿色经济现状和政策行动 ………………………（12）
 第一节 中国绿色经济发展现状 …………………………（12）
 第二节 中国绿色低碳转型的政策和行动 ………………（18）

案例篇 三类城市绿色低碳转型路径选择

第四章 生态型城市的调研报告——浙江省丽水市 …………（27）
 第一节 丽水市经济社会发展概况 ………………………（27）
 第二节 丽水市践行"两山"理念情况 …………………（36）
 第三节 丽水市生态产品价值实现典型案例 ……………（45）

第四节 丽水市探索"两山"理念的启示……………………(62)

第五章 制造业之都的调研报告——安徽省芜湖市……………(65)
 第一节 芜湖市经济发展现状……………………………(66)
 第二节 芜湖市区位发展情况……………………………(70)
 第三节 芜湖市发展绿色经济的主要做法及效果………(74)
 第四节 芜湖市绿色创新发展存在的困难………………(79)
 第五节 推动芜湖市绿色创新发展的建议………………(84)
 第六节 芜湖市推动高质量绿色发展典型案例…………(88)

第六章 资源型城市的调研报告——广东省韶关市……………(96)
 第一节 韶关市经济社会发展概况………………………(96)
 第二节 韶关市绿色转型面临的困境及成因……………(100)
 第三节 推动韶关市绿色转型的主要举措………………(105)
 第四节 推动韶关绿色转型的建议………………………(114)
 第五节 韶关市绿色发展典型案例分析…………………(117)

结论篇 转型路径差异性比较和对策建议

第七章 影响地区经济"绿色化"的差异性分析………………(127)
 第一节 资源型城市绿色转型困境………………………(127)
 第二节 制造业型城市绿色转型制约因素………………(128)
 第三节 生态型城市生态价值实现障碍…………………(130)
 第四节 国内城市绿色转型存在的共性问题……………(131)

第八章 促进地区经济绿色转型的对策建议……………………(132)
 第一节 推动资源型城市绿色发展的建议………………(132)
 第二节 推动制造业型城市绿色创新发展的建议………(133)
 第三节 推动生态型城市生态价值实现的建议…………(134)
 第四节 从国家层面加快推进城市绿色转型的建议……(136)

参考文献 …………………………………………………（138）

附录一　调研成果 …………………………………………（142）

附录二　"两山"理念的实践探索 …………………………（144）

附录三　城市绿色转型　助力碳达峰碳中和 ……………（148）

附录四　调研纪要 …………………………………………（152）

后　记 ………………………………………………………（176）

理论篇

绿色经济相关理论和现状

第一章

绿色经济相关概念辨识

改革开放以来，中国经济发展取得了巨大成就，成为世界第二大经济体，人们的生活福祉得到极大改善。但不可否认，也带来了生态破坏、环境污染、资源消耗过度、温室气体排放过快以及发展不均衡等问题。为实现社会经济的可持续发展，实施绿色低碳转型是必需的。2012年党的十八大制定了新时代统筹推进经济建设、政治建设、文化建设、社会建设、生态文明建设"五位一体"总体布局的战略目标。2013年党的十八届三中全会通过的《中共中央关于全面深化改革若干重大问题的决定》提出生态文明建设是推进绿色发展的制度保障，将深化生态文明体制改革提到新的战略高度。2015年党的十八届五中全会首次提出了创新、协调、绿色、开放、共享的新发展理念。2016年，"十三五"规划中首次将"绿色"理念纳入全面建成小康社会的指导思想；2017年，党的十九大报告中再次强调绿色发展理念，绿色经济已成为中国国家战略规划中的重要内容。

绿色经济转型被认为是应对环境气候变化问题、提高资源效率及消除贫困的有效途径，中国提出了加快健全绿色低碳循环发展经济体系的战略目标。在经济新常态下，发展绿色经济是优化产业结构，促进经济高效、高质量增长的新引擎。各级政府和各行业部门都在不遗余力地进行绿色经济转型实践探索。本章首先对绿色经济转型的几个相关概念进行简要辨识。

第一节　绿色经济与绿色增长

当前"绿色经济"（Green Economy）、"绿色经济转型"（Transition to Green Economy/Green Economy Transformation）、"低碳经济"（Low carbon Economy）等这类相近词语经常见诸气候变化、环境资源及经济学类相关的学术刊物、政府文件、机构报告及媒体报道中。但迄今国内外学术界对这几个名词并没有给出严格的规范定义，还经常一起混用，本章先对绿色经济与绿色增长做一简要的阐述。

"绿色经济"这一概念的首次正式提出是 1989 年英国环境经济学家 Pearce 等人在英国环境部发表的《绿色经济蓝图》报告中（Pearce 等, 1989），该报告建议政府以绿色经济作为国家发展策略，通过低排放和低能耗的发展模式来达到增长，以兼顾环境和经济利益，实现可持续发展。绿色经济和传统经济同样都是建立在市场的基础之上，但绿色经济将自然生态和环境视为资本，对传统经济模式进行修正，借此创造新的市场需求和经济价值（UN, 2012a）。

几十年来，人们普遍认为，只有在全球范围内进行整体经济调整才能避免环境退化和气候变化的危险后果（Stern, 2006）。而绿色经济的概念和论述代表着向更环保、更高效利用和节省资源技术的根本转变，以减缓排放、减轻气候变化的影响，并解决资源枯竭和严重的环境退化问题（Bowen and Fankhauser, 2011）；绿色经济的实施也可确保可持续发展目标（Sustainable Development Goals, SDGs）和 2015 年后气候变化发展议程目标之间的潜力（Georgeson et al., 2017）。尽管绿色经济形成于 20 世纪 90 年代，但真正引起国际社会关注和重视的是在 2008 年国际金融危机之后。国际金融危机发生以来，全球经济的复苏成了当务之急，许多政府和机构都在考虑推动"绿色经济"作为发展的关键框架。2008 年 10 月，联合国环境规划署（UNEP）在全球环境部长会议上提出了发展"绿色经济倡议"（Green Economy Initiative）；2011 年发表了《迈向绿色经济：通往可持续发展和消除贫困的途径》（Towards a Green Economy: Pathways to Sustainable and Poverty Eradication）报告，正式给出了绿色经济的定义：绿色经济是可提升人类福祉和社会公平，并降低环境风险和生态破坏以及具有社会包容性的经济体系（UNEP，2012）。2012 年，联合国于巴西的里约热内卢召开了第三届联合国可持续续发展大会（UNCSD）（简称 Rio +20 会议），绿色经济成为本次大会的两大主题之一。随着环境和气候保护的意识增强，越来越多的国家将发展绿色经济作为中长期发展策略，希望透过绿色经济取代过去高排放和高耗能的发展模式，创造经济增长新动能。

"绿色增长"首次出现于 2005 年在韩国首尔举行的联合国亚洲及太平洋经济社会委员会（UNESCAP）会议，通过《首尔绿色增长倡议网络》（*Seoul Initiative Network on Green Growth*），以协助各国促进绿色增长（UN，2012b）。2010 年，经济合作和发展组织（OECD）发表《绿色增长策略中期报告》，提出了促进绿色增长的策略，包括消除绿色增长障碍、促进发展转变、支持过渡转型、加强国际合作以及定期评估进展（OECD，2010a）。OECD 对"绿色增长"所作的定义为："一种能够促进经济增长，并同时确保自然资源可持续提供人类福祉所需的发展模式。"绿色增长强调环境对经济增长的可持续性，通过改善经济的生态效率、提升环境和经济的协同作用，来实现环境和经济效益。

因而，"绿色经济"和"绿色增长"这两个概念的含义相似，都涉及经济增长、环境保护、低碳发展、能源效率、生态可持续续、人类福祉、气候韧性、社会包容和公平等，也经常不加区别地使用。但从其原始定义而言，这两者还是有区别的，"绿色经济"强调在环境资源可持续利用的前提下实现经济发展，"绿色增长"则更重视经济发展对环境造成的影响。前者更注重"生产端"，后者则更关注"产出结果"。而国际商会（International Chamber of Commerce，ICC）从发展模式上对两者进行区分，认为"绿色经济"是"由上而下"的低碳发展模式，由政府通过政策整合环境和经济效益，创造新的市场需求和经济价值；而"绿色增长"是一种"由下而上"的发展模式，经由企业自主实行低碳策略，建立从商品和服务的生产与供给的低碳经济体系，来达到经济增长的目的（ICC，2011）。

第二节　绿色经济与低碳经济

由于"低碳经济"（Low Carbon Economy）直接与碳排放相关，因而，该名词起初在气候变化经济学研究领域使用更加频繁。英国是国际公认最早提出低碳经济概念的国家。2003年英国政府发布了《能源白皮书》（《未来能源：创建一个低碳经济》，*Our Energy Future: Creating a Low Carbon Economy*），提出英国将以发展低碳经济作为经济社会转型的策略，最终成为低碳国家。低碳经济是以低排放、低能耗、低污染为特征的发展模式，涉及可再生能源发展、能源技术创新以及能源效率的提高，因此将对经济活动和社会行为带来根本性改变。可见，低碳经济是指一个经济系统只排放少量的温室气体，或是几乎不排放温室气体。如果全球所有经济体可以达到最低碳排放或甚至零碳排放，那么将可以把大气中温室气体的浓度稳定在防止气候系统受到危险的人为干扰的水平，避免气候变化持续恶化。发展低碳经济的目的在于减少温室气体排放，降低气候变化威胁，经济可持续发展，并兼顾公平和包容等社会价值。

"绿色经济""低碳经济""低碳绿色经济"等概念在媒体报道、官方报告中等经常不加区别地使用，但就环境经济学专业术语内涵而言，区别是明显的。"绿色经济"强调在发展经济时环境保护和资源高效利用的重要性，"低碳经济"则侧重温室气体的低排放和能源高效率使用，两者都主张通过产业结构的转型升级、可再生能源的开发利用以及最大限度地减少温室气体排放，达到环境保护和经济发展的目标。因而，可以简单地理解为，低碳经济是实施绿色经济转型的一种路径和策略。

第三节　低碳发展与低碳转型

"低碳发展"（Low Carbon Development）这一概念最初出自《联合国气候变化框架公约》（*United Nations Framework Convention on Climate Change*, UNFCCC）（以下简称《公约》）。顾名思义，"低碳发展"就是指低碳排放的发展策略，通过低排放、低能耗、低污染的发展模式，追求经济增长，同时致力于减缓全球变暖，降低气候变化对自然生态系统和人类生存发展的威胁。"低碳发展"这一概念的提出是与国际气候变化谈判进程密切相关的。为了加速达成《京都议定书》（*Kyoto Protocol*）到期后全球温室气体减量配额的协议，欧盟在2008年《公约》第14次缔约方会议（COP14）中建议，发展中国家采取低碳发展策略，减少温室气体排放（议定书中没有规定发展中国家承担强制减排的责任），并且应该以推动低碳发展、提升气候适应能力的成效，作为决定向发展中国家提供必要援助（包括资金和技术援助）的依据。在2009年《公约》第15次缔约方会议（哥本哈根会议）和2010年第16次缔约方会议中"低碳发展"再度被提及，认为低碳发展是实现可持续发展的必要途径，也是发展中国家追求经济增长的重要策略，能够在不影响国家经济和社会发展的情况下，减少温室气体排放，解决全球气候变化问题（OECD，2010b）。可见，"低碳发展"这一概念主要是针对发展中国家的未来发展策略而提出的。

"低碳转型"（Low Carbon Transition）是"低碳发展"的另一种表述，两者都主张在环境可持续的前提之下发展经济，避免对生态环境造成破坏。但从概念外延而言，"低碳转型"比"低碳发展"更广，"低碳发展"强调减少温室气体排放对增强气候韧性的重要性，重视能源和产业结构的调整；"低碳转型"则将重点关注低碳经济体系构建、社会层面的结构性改变。推动低碳转型必须降低"三高"（高排放、高能耗、高污染）产业结构比例，提高"三低"（低排放、低能耗、低污染）产业的比重，通过有效的政策工具和市场工具，鼓励企业发展符合低碳标准且具有高附加价值的高科技产业和新兴服务业。

第 二 章

绿色经济相关理论阐释

环境问题、气候变化问题的解决离不开全球经济的发展,而当前严峻的生态环境问题和资源过度消耗问题无不提醒国际社会,传统的经济社会发展模式已难以维持人类社会的繁荣和可持续发展,必须采取行动和措施。绿色经济学将人类的经济活动与自然生态的关系引入经济学的研究范畴,拓展了传统经济学的研究边界。绿色经济关注经济增长与环境、资源、生态之间的矛盾,本质上是当前生产关系不再适应生产力的发展。这就要求进行变革与创新,不仅要求技术层面的创新,更加强调制度创新、制度的合理化(诸大建,2012)。根据一些国家的经验,发展绿色经济需要进行有成效的制度创新,这些制度创新为绿色经济发展打下了良好的理论基础。产权理论和交易成本理论是绿色经济发展的重要基础指导理论。基于环境经济学视角,发展绿色经济的根本理论在于环境资源的内生化机制,处理好市场在解决公共产品时的外部性问题。

第一节 外部性理论概述

外部性(externality)是推动绿色经济发展的经济学理论基础。19 世纪初,英国剑桥大学的马歇尔首先提出外部性概念,指某些产业在市场中以某种非市场的行为对其他经济体的福利产生影响,自身的厂商成本曲线区别于市场水平而没有在市场中体现,私人成本低于市场水平的同时造成其他经济体的福利损失,即为负外部性(谢枫,2010)。常见的负外部性如企业环境污染问题,污染产生者的生产成本低于社会生产水平,但产生的污染造成社会福利的损失,并没有对社会其他主体给予相应的补偿。又如生态环境，作为典型的公共物品，存在非排他性和非竞争性的特点，即人们对生态资源的使用和消费并不妨碍其他人享受生态的好处，增加生态产品的社会供应并不增加边际社会成本。这将导致两个问题：生态产品消费偏好显示的不真实、问题搭便车问题，即生态产品的潜在消费者不愿意真实表达自己的主观需求，使得生态产品的供给在市场条件下很难获得收益；消费者在福利增加的同时并没有或者少支付生产者，即生态产品的正外部性。

英国著名经济学家庇古（马歇尔的学生）进一步对正外部性（外部经济）和负外部性（外部不经济）做出区分，并提出"社会净边际产品"和"私人净边际产品"两个重要概念。社会净边际产品指全社会资源边际增量带来的净产品总和，而私人净边际产品则指资源边际增量带来的净产品中由投资人所获得的部分，两者可能相等，也可能其中一方大于另一方（李寿德、柯大钢，2000）。按照庇古的观点，市场无法解决公共产品的外部性问题，需要政府的介入。庇古提出征税来纠正环境外部性，对于负外部性的排污者，私人生产成本低于社会成本，环境污染对社会造成了危害，就需要对其征税，用于弥补损失或消除危害。而生态资源等公共物品，其产品的生产供应需要使用广泛的公共资源，如果由私人生产，其生产成本往往高于社会生产成本，而生态产品的公共物品属性又决定了很难或者不适合限制其使用，因此市场无法弥补其私人生产与社会生产之间的成本差距，社会净边际产品的增加高于私人净边际产品的增加，即存在正外部性，对私人不足差额则应给予补贴。

当代英国经济学家科斯（Ronald H. Coase）对庇古的观点提出了异议，他认为导致外部性的原因是市场本身的不完善，而不赞成政府直接干预。科斯在1960年提出交易费用（Transaction Costs）概念，并对庇古的研究方法提出了批评，科斯认为市场失灵是导致环境外部性的内在原因，只有通过市场的手段才能解决，产权是解决外部性的关键因素，政府不应参与市场主体的交易行为，而应负责明确产权的界定方式，当产权可以界定且界定成本很小，市场双方就可以通过谈判实现资源的有效配置。

第二节　征税和排放交易体系

庇古和科斯的学术思想是目前解决环境和生态外部性问题的思路和方法的理论基础和主要出发点。

（一）庇古税

庇古认为应该对外部性的干预即正外部性行为给予补贴，而负外部性行为予以征税，而征税额或补贴额正好等于边际私人净产品价值与边际社会净产品价值之间的差额，最优庇古税就是使排污量等于最优污染水平时的排污收费。基于新古典经济学完全竞争的前提，庇古认为政府可以有效解决市场失灵导致的外部性问题，其解决思路的主要成本是合理税收或补贴的政策制定成本，这需要准确掌握生产的私人成本和社会成本，但实际情况中，由于信息不对称，政府很难判断边际私人—社会生产成本差额，特别是生态产品，种类众多且市场不成熟，很难获取真实有效的信息，因此补贴政策的制定和执行成本非常高。

（二）基于科斯定理的交易体系

根据科斯定理的观点，解决外部性的主要成本是产权界定和私人谈判的成本，如针对污染的负外部性，应由政府明确产生污染的权利以及免受污染的权利所属方，设置排污权等形式，通过市场交易机制使社会资源实现最佳配置。科斯定理提出，市场能有效解决环境污染的问题，而关键是产权关系的清晰界定，就可以保障私人成本和社会成本实现相等。产权的界定虽然对财富分配会产生一定影响，只要交易费用足够小，就可以通过市场来实现资源的配置。

（三）两种手段的综合比较

基于新古典经济学完全自由竞争的前提，庇古认为在市场失灵的情形下，需要通过政府干预，纠正边际社会净产品和边际私人净产品的偏离，但这需要政府准确掌握二者之间的差距，政府必须能获得充分的企业生产信息和社会影响信息，但由于信息不对称，政府难以对社会成本和私人成本之间的差额价值量进行准确的判断，特别是涉及生态环境以及污染防治的企业种类繁多，很难获取全面的相关信息，因此无论是税收额度的确定，还是补贴标准的制定都缺乏准确的依据，同时政策执行过程也存在成本过高的问题。

科斯研究的是市场经济很发达的西方国家，科斯的外部性治理方案需要交易费用极低的前提条件，而许多经济学家认为环境资源的交易成本太高，难以建设相应的市场以进行财产权的交易，而对于生态产品，特别是空间环境、生物多样性等，无法清晰界定其产权，因此很难建立相应的交易市场，即使进行市场交易成本也太高。当前，生态环境资源的稀缺性并没有一个有效市场反映其价格，事实上，许多环境资源仍然没有市场价格。

第三章

中国绿色经济现状和政策行动

总体上看，目前中国绿色经济发展态势企好，各地的环境质量显著改善；但是，环境、资源对经济的"瓶颈"制约仍未根本解决，还远远不能满足民众对优质生态产品的需求；各地区的生态环境治理水平也不平衡，存在明显的区域差异。经济新常态下，发展绿色经济是优化产业结构，促进经济高效、高质量增长的必然选择。

第一节 中国绿色经济发展现状

"十五"时期（2001—2005年）以来，中国在各个领域积极实施绿色低碳发展政策与行动，通过法律、行政规划、绿色技术、市场开发等多种手段，探索符合中国国情的绿色低碳经济发展新模式（蒋金荷，2017）。

一 "十五"时期以来节能减排成效显著提高

中国政府减缓气候变化行动取得积极进展，节能减排成效显著，虽然能源消费总量和碳排放总量仍呈增长态势，但增速趋缓。截至2019年，中国能源消费强度（万元GDP能源消费量）、碳排放强度（万元GDP碳排放量）分别比2005年下降35.9%、38.8%[①]，比2010年分别下降28.8%、33.9%（见表3—1）。2000—2019年因化石燃料燃烧产生的能源消费量、碳排放总量年均增长率分别为6.51%、6.25%，但2016—2019

---

① 本节内容所引用的CO_2排放数据仅包括因化石燃料燃烧引起的碳排放。

年两者增速明显降缓，分别只有 2.9%、1.9%。能源消费弹性系数、碳排放弹性系数分别为 0.72、0.69，即 GDP 每增长 1%，相应地能源消费、碳排放增长分别为 0.72 个百分点、0.69 个百分点。

表 3—1　　2000—2016 年中国碳排放总量与效率主要指标

年份	碳排放总量（MtCO$_2$）	碳排放强度（tCO$_2$/万元 GDP）	能源消费强度（tce/万元 GDP）	能源消费总量（Mtce）	人均碳排放（tCO$_2$/人）
2000	3100	2.64	1.25	1470	2.45
2001	3256	2.56	1.22	1555	2.55
2002	3512	2.53	1.22	1696	2.73
2003	4068	2.66	1.29	1971	3.15
2004	4742	2.82	1.37	2303	3.65
2005	5408	2.89	1.40	2614	4.14
2006	5962	2.82	1.36	2865	4.54
2007	6473	2.68	1.29	3114	4.90
2008	6669	2.52	1.21	3206	5.02
2009	7132	2.46	1.16	3361	5.34
2010	7831	2.45	1.13	3606	5.84
2011	8570	2.44	1.10	3870	6.36
2012	8818	2.33	1.06	4021	6.51
2013	9188	2.25	1.02	4169	6.75
2014	9116	2.08	0.98	4283	6.66
2015	9093	1.94	0.93	4341	6.62
2016	9055	1.81	0.88	4415	6.55
2017	9246	1.73	0.85	4558	6.65
2018	9528	1.67	0.83	4719	6.83
2019	9809	1.62	0.80	4870	7.01
各时期增长率（%）					
2001—2005（"十五"）	11.77	1.80	2.19	12.20	1.69
2006—2010（"十一五"）	7.69	-3.26	-4.19	6.65	1.70

续表

年份	碳排放总量（MtCO$_2$）	碳排放强度（tCO$_2$/万元GDP）	能源消费强度（tce/万元GDP）	能源消费总量（Mtce）	人均碳排放（tCO$_2$/人）
2011—2015（"十二五"）	3.03	-4.53	-3.84	3.78	0.78
2016—2019	1.91	-4.45	-3.51	2.92	0.39
2000—2019	6.25	-2.55	-2.31	6.51	4.56

资料来源：(1) CO$_2$ 排放数据来自于 IEA CO$_2$ emissions from fuel combustion, OECD/IEA Paris, 2020: https://www.iea.org/；(2) 其余数据基于《中国统计年鉴2020》进行整理，表中 GDP 数据均按照 2005 年可比价格换算。

分析表3—1，不难得出以下三点结论：

(1) 从"十五"时期到"十二五"时期中国节能减排效率总体上是提高的，但差别明显。2000—2019 年，能源效率（能耗强度的倒数）年均提高 2.31%，碳排放效率年均提高 2.55%（见图3—1），但"十五"时期能源使用效率和碳排放效率都是下降的，分别下降 2.19%、1.80%，而"十一五"时期和"十二五"时期效率提高非常明显；碳排放弹性系数从"十五"时期的 1.20 下降到"十一五"时期的 0.68，再进一步下降到"十二五"时期的 0.38，尤其 2016—2019 年，碳排放弹性系数只有 0.29，经济增长与碳排放增长几乎达到了一种"弱脱钩"水平。

"十二五"规划列入了三个低碳发展相关的约束性指标：1) 提高非化石燃料占一次能源消费的比重到 11.4%；2) 单位 GDP 能源消耗降低 16%；3) 单位 GDP 二氧化碳排放量降低 17%。而实际上都超额完成了后两个约束性考核指标，2015 年比 2010 年能源消费强度（万元 GDP 消费量）降低 17.8%，碳排放强度（万元 GDP 二氧化碳排放量）降低 20.8%。

(2) 人均碳排放量在 2000—2019 年年均增长 5.70%，但在 2016—2019 年只增长 1.45%，增幅下降明显。2019 年人均碳排放为 7.01tCO$_2$/人，大致相当于欧盟 2015 年的平均水平。随着中国经济进入新常态，人均碳排放水平增长肯定会相对滞缓。

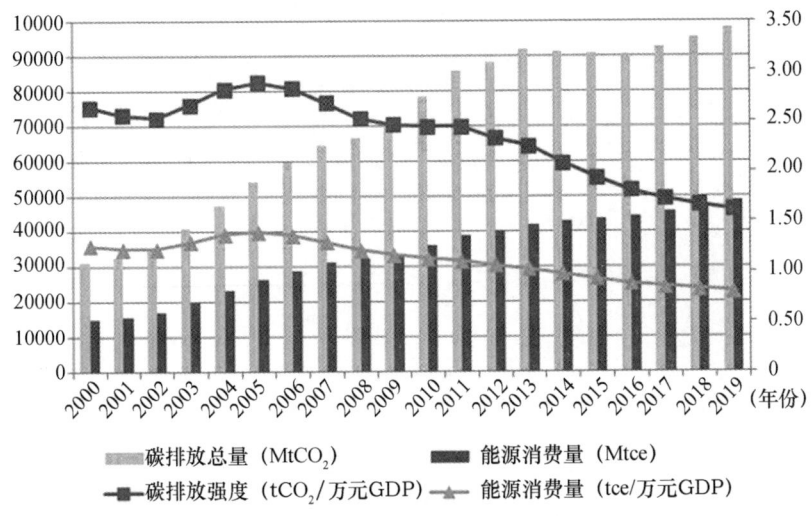

图 3—1 2000—2019 年中国碳排放量与节能减排主要指标

资料来源：同表 3—1。

（3）由上述效率指标分析可知，"十二五"时期是中国低碳绿色转型发展的重要转折期，随着各种促进低碳经济、绿色发展的政策相继出台，节能减排政策效果明显。

二 能源低碳转型有一定进展，但还需进一步加强

中国非化石能源消费量占能源消费总量的比重从 2000 年的 7.3% 增加到 2019 年的 15.3%，提高了 8 个百分点。碳排放份额最大的煤炭和石油所占比重 2019 年比 2000 年下降了 13.9 个百分点（见图 3—2）。2015 年，中国非化石能源消费量占比为 12.0%，超过了"十二五"规划的考核目标（11.4%）。

"十一五"时期以来中国清洁能源发展迅速，截至 2018 年年底，中国水电装机容量为 3.53 亿千瓦，是 2005 年的 3.0 倍，占发电总装机容量的 18.6%，发电量达 50963 亿千瓦时；并网风电发电量为 3660 亿千瓦时，是 2010 年的 8.2 倍；并网光伏装机达到 17433 万千瓦，同比增长 34.7%；核电装机达到 4465 万千瓦，发电量为 2944 亿千瓦时，同比增长 18.7%。2018 年全国水电、核电、风电、太阳能发电等新能源发电装机占全部发电装机的 39.8%。从电力消费终端分析，中国火力发电量占全国用电总

16 / 理论篇 绿色经济相关理论和现状

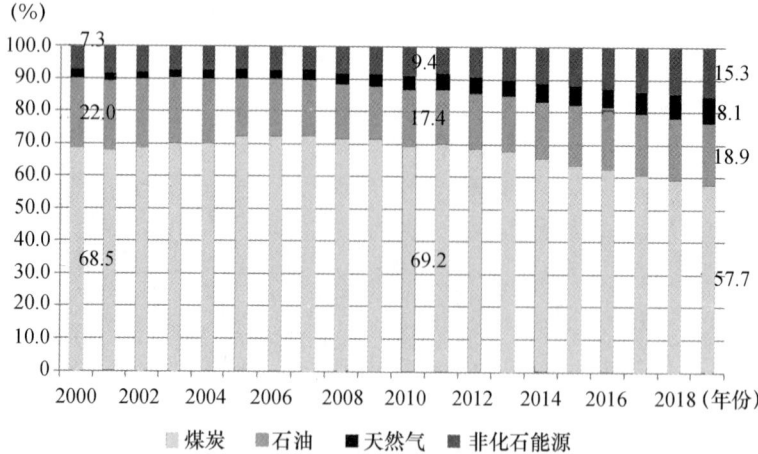

图3—2 2000—2019年中国能源消费结构（%）

资料来源：《中国统计年鉴2020》。

量的比重从2000年的82.7%下降到2018年的71.3%（见图3—3），电源结构低碳化和清洁化比较明显。但准确地说，2012年以来能源低碳化结构变化明显。

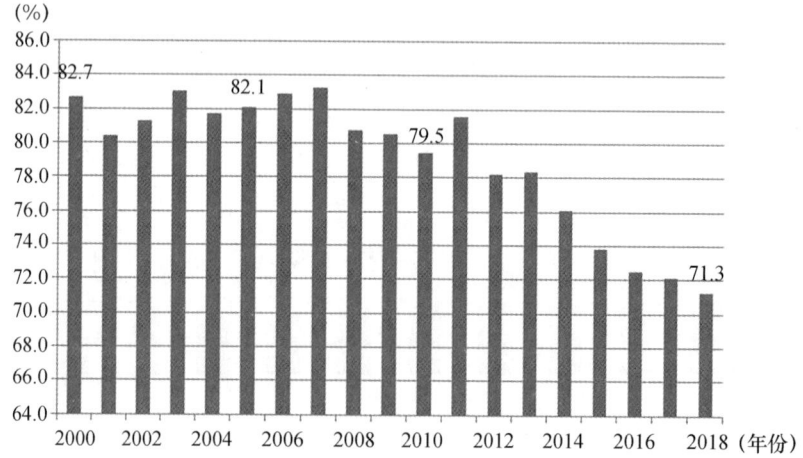

图3—3 2000—2018年火力发电量占全社会总电量比例（%）

资料来源：笔者根据相应年份的中国能源统计年鉴估算。

三 产业结构不断优化，行业低碳绿色转型基本完成考核指标

中国政府建立和完善了中国特色的节能目标责任制和节能考核评价制度。2011年《"十二五"节能减排综合性工作方案》将单位国内生产总值能耗下降的节能目标分解落实到了各省（区、市），明确提出实施以节能改造工程、节能技术产业化示范工程、节能产品惠民工程、合同能源管理推广工程和节能能力建设工程为主的节能重点工程，加强节能目标责任评价考核。与此同时，中国政府实施淘汰落后产能计划，建立健全落后产能退出机制，不断优化第二产业内部结构。

中国政府还积极鼓励发展战略性新兴产业和服务业，不断降低高能耗行业在国民经济中的比重。2012年7月国务院印发了《"十二五"国家战略性新兴产业发展规划》，提出了节能环保、新一代信息技术、生物、高端装备制造、新能源、新材料以及新能源汽车等七大战略性新兴产业的重点发展方向和主要任务。2012年12月国务院印发了《服务业发展"十二五"规划》，明确提出加快发展以金融服务业、交通运输业、现代物流业、高技术服务业为主的生产性服务业，大力发展商贸服务业、文化产业、旅游业、健康服务业为主的生活性服务业。2012年中国第三产业增加值占国内生产总值的比重首次与第二产业持平（45.3%），2019年达到53.9%，较2005年提高了12.6个百分点（见图3—4）。

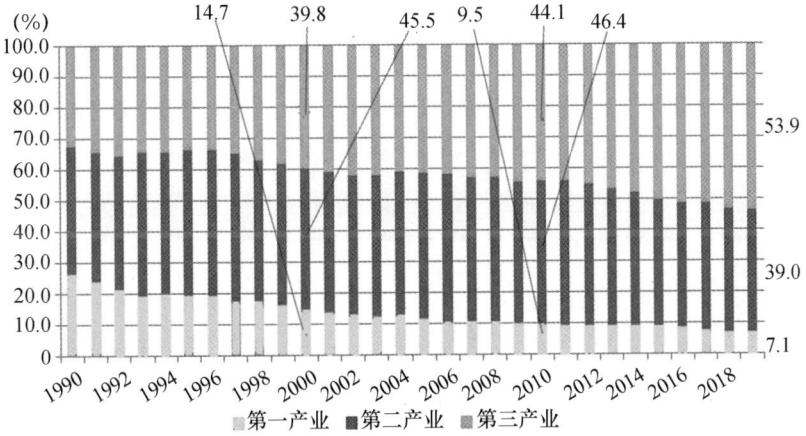

图3—4 1990—2019年中国三大产业结构变化

资料来源：《中国统计年鉴2020》。

2018年交通运输业和电力生产行业的碳排放比例比2005年分别提高2.3个百分点、7.5个百分点，但制造业和建筑业、居民生活所占比例分别下降7.8个百分点、1.0个百分点，其他行业改变较小（见图3—5）。居民生活所占比例的下降与这些年中国推行家庭能源消费清洁化、北方大部分地区要求天然气供暖等行动有关。总之，电力生产行业、制造业和建筑业仍然是中国化石能源消费和碳排放的最大贡献者，两者之和占80%左右。这也是今后中国深度脱碳重点关注的领域。

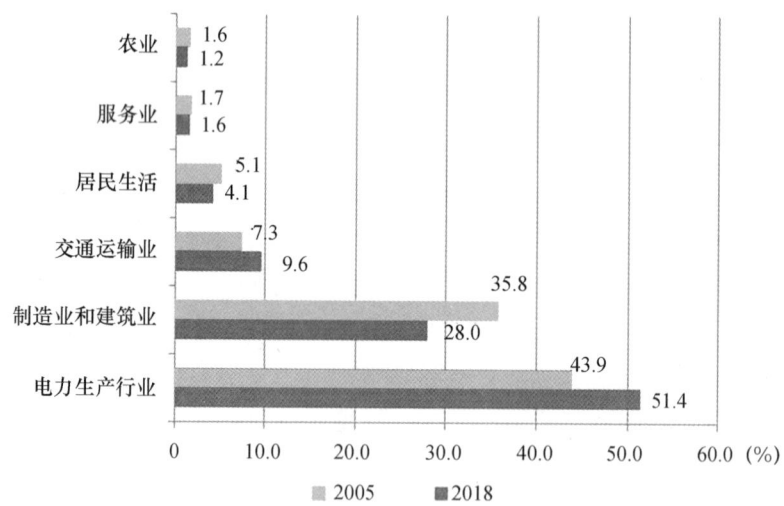

图3—5 2005年、2018年中国分行业碳排放比例

资料来源：IEA CO$_2$ emissions from fuel combustion, OECD/IEA Paris, 2020：https://www.iea.org/。

第二节 中国绿色低碳转型的政策和行动

应对气候变化是全人类面临的共同事业。中国政府从基本国情和发展阶段的特征出发，大力推进生态文明建设，推动绿色循环低碳发展，把应对气候变化融入国家经济社会发展中长期规划，推动颁布和实施了一系列促进绿色低碳发展的法规和政策措施。

一　建立完善气候变化政策体系，积极参与全球气候治理

1990年中国在环境保护委员会下设立"国家气候变化协调小组"，并于1994年制订及通过了《中国21世纪议程》（《中国21世纪人口、环境与发展白皮书》），确立中国21世纪可持发展的总体战略框架和各个领域的主要目标，为减缓全球气候变化做出积极的贡献。1998年在国务院机构改革过程中，成立"国家气候变化对策协调小组"，2006年颁布的《"十一五"规划纲要》确定了节能减排的目标任务。

2007年，成立"国家长期应对气候变化领导小组"，在致力于发展经济的同时，根据国家可持续发展战略提出应对气候变化和改善生态环境的措施。同年国务院发布实施《中国应对气候变化国家方案》，作为中国第一部应对气候变化的政策性文件，该方案全面阐述了在2010年前中国应对气候变化的对策，正式开启了中国政府应对气候变化的积极行动。

2007年6月，出台了《应对气候变化科技专项行动》，这是因为《中国应对气候变化国家方案》明确指出要依靠科技进步与创新来应对气候变化，把科技工作作为国家应对气候变化的重大措施。同时，也为了有效落实《国家中长期科学和技术发展规划纲要》所确立的任务，统筹气候变化科学研究与技术开发，全面提高国家应对气候变化的科技能力，为应对气候变化提供科技支撑。

2009年是中国应对气候变化的重要转折时期，因为这一年中国政府提出了实施低碳经济发展战略新途径和一系列应对气候变化的政策措施。

2009年5月，在哥本哈根气候变化会议上，为了落实巴厘路线图，就减缓、适应、技术转让、资金支持提出中国政府明确立场：在得到发达国家技术、资金和能力建设支持的情况下，中国根据国情且在可持续发展框架下采取适当的适应和减缓行动。中国特别强调的原则为：坚持《联合国气候变化框架公约》和《京都议定书》基本框架，严格遵循巴厘路线图授权、坚持"共同但有区别责任"原则、坚持可持续发展原则以及减缓、适应、技术转让和资金支持应该并重。

2009年8月，国务院发布《关于应对气候变化工作情况的报告》，强调在以煤炭为主的能源结构和较低的能源利用率条件下，面对温室气体排放的巨大压力和困难，必须采取如加强法制建设、建立应对措施、制定国家方案等政策，否则将影响中国的可持续发展。同期，全国人大常委会通过《关于积极应对气候变化的决议》，指出气候变化是环境问题，也是发展问题。中国必须达成"加强应对气候变化能力建设，为保护全球气候做出新贡献"的要求，采取有力的政策措施，积极应对气候变化。

2009年11月，中国发表了《中国应对气候变化的政策与行动——2009年度报告》，决定在实施可持续发展过程中，积极应对气候变化。

2010年10月，中国公布了《"十二五"规划纲要》，其中明确列入了气候变化议题，单位国内生产总值二氧化碳排放（碳排放强度）下降率首次成为其中的约束性指标之一。这一时期，中国开始建立气候变化政策体系，以能源、制造、交通等行业具体政策作为支撑，构建能源和气候变化目标，明确部门分工与协作，开始建立碳排放数据收集与监测机制，并探索相应市场机制。

2010年11月，中国谈判代表在墨西哥坎昆气候变化会议中指出，中国高度重视气候变化问题与此次会议，希望发达国家和发展中国家本着"共同但有区别责任"原则，承担自己的责任和义务，积极应对气候变化。中国支持坎昆会议在推进巴厘路线图关于《联合国气候变化框架公约》和《京都议定书》的双轨谈判方面取得实质性进展。中国仍是发展中国家，但仍会积极应对气候变化，尽最大努力实现经济增长、能耗降低、环境友好和资源节约的目标。

2011年9月，中国在"碳收集领导人论坛第四届部长级会议"中提出：气候变暖是全世界所面临的共同挑战，中国相当重视气候变化问题，确定到2020年单位国内生产总值二氧化碳排放比2005年下降40%—45%的减排行动目标。这是中国首次做出的量化减排国际承诺。

2013年11月，由国家发改委、财政部、农业部等9部门联合编制的中国首部《国家适应气候变化战略》正式发布，标志着中国首次将适应气候变化提高到国家战略的高度，这对提高国家适应气候变化综合能力意义重大。

2014年9月，国家发改委印发《国家应对气候变化规划（2014—2020年）》，提出要坚持共同但有区别的责任原则、公平原则、各自能力原则，深化国际交流与合作，同国际社会一道积极应对全球气候变化。通过实施该规划，到2020年，实现单位国内生产总值二氧化碳排放比2005年下降40%—45%、非化石能源占一次能源消费的比重达到15%左右、森林面积和蓄积量分别比 2005 年增加 4000 万公顷和 13 亿立方米的目标，低碳试点示范取得显著进展，适应气候变化能力大幅提升，能力建设取得重要成果，国际交流合作广泛开展。同年 11 月，中美发表"中美气候变化联合声明"，中国宣布到 2030 年前后实现二氧化碳排放达峰。

2015 年 6 月，中国向联合国提交了《强化应对气候变化行动——中国国家自主贡献》。2016 年 9 月，在中国的倡议下，二十国集团发表了首份气候变化问题主席声明，为推动气候变化《巴黎协定》尽早生效奠定了坚实基础。同期，全国人大常委会以全票通过批准中国加入《巴黎协定》，向国内外宣示了中国走绿色、低碳、循环发展道路的决心和态度。

进入"十三五"时期以来，低碳发展和适应气候变化工作进一步加强。2016 年，国务院制定实施《"十三五"控制温室气体排放工作方案》，要求到 2020 年，单位 GDP 二氧化碳排放比 2015 年下降 18%，碳排放总量得到有效控制。地方分解控制目标，部门落实政策措施，行业企业创新发展，社会公众积极参与。

目前中国正处于"十四五"规划实施阶段，经济发展进入了新常态，创新、协调、开放、绿色、共享作为指导经济社会转型发展的五大理念，"十四五"时期是实现绿色转型发展的关键期，到 2030 年实现碳排放达峰目标是各地"十四五"规划的重要目标之一，指导地方经济社会低碳发展、向绿色发展转型。中国开始在更广泛的领域全面实施应对气候变化工作，将在实施深度、质量和效率等方面进行全面提升。

二 制定法律法规，完善应对气候变化管理体制

为了健全相关法律法规体系，并完善气候变化治理体制和工作机制，中国采取了以下相关行动：

1. 制定相关法规和重大政策文件

为了加强对于气候变化的治理能力，完善应对气候变化之相关法律法规，制定或修订《可再生能源法》《循环经济促进法》等相关法律，颁布《民用建筑节能条例》《公共机构节能条例》等，展开应对气候变化立法的前期研究工作。制定符合"十三五"规划目标的政策文件，如《可再生能源中长期发展规划》《煤炭清洁高效利用行动计划（2015—2020）》《全国造林绿化规划纲要（2016—2020）》等。

2. 完善治理体制和工作机制

为了加强自身的治理能力，建立统一领导、相关部门分工负责，以及各地方各行业广泛参与的管理体制和工作机制。2007年，成立"国家应对气候变化领导小组"，国家发改委负责领导小组的具体工作（2018年国务院机构改革后由生态环境部负责）。2010年，在"国家应对气候变化领导小组"内设立"协调联络办公室"，加强部门之间的协调与配合。另外，各省（自治区、直辖市）也建立应对气候变化的工作领导小组和专门工作机构。

三 地方、行业行动与低碳试点示范

环境政策工具通常有四种类型：（1）命令和控制（例如，禁止的活动和做法，或要求使用特定技术）；（2）经济激励和市场机制（例如，排放税和贸易）；（3）国家直接行动和参与（例如，补贴或投资）；4）教育和宣传。每种工具都有利弊。一般的共识是，命令和控制能提供立竿见影的效果，但是通常成本很高，因为他们对所有公司施加相同的标准，而不考虑他们的表现和能力。市场工具的共识是，对于企业更灵活，成本更低，因为他们鼓励和奖励有能力的企业进行创新，从而不断降低减排的总体成本。但这些奖励或以市场为基础的工具不能在没有透明信息的条件下运营。以前，中国使用第一种和第三种工具较多，随着市场、法制的完善以及认识的提高，第二种、第四种的工具使用也越来越普遍。为了实施低碳发展，中国开始使用经济激励措施和市场机制，进行试点，如碳排放交易试点以及低碳城市试点等（见表3—2）。

表3—2　　　　　　　　中国国家级低碳试点方案简述

方案	推出时间	主管政府部门	目标
首批低碳试点省市	2010年7月	发改委	5省8市
碳排放交易试点	2011年6月	发改委	7省市
绿色和低碳试点小镇	2011年	财政部、建设部、发改委	7小城镇
低碳运输系统试点	2011—2012年	交通部	26城市
第二批低碳试点省市	2012年12月	发改委	27城市、1地区、1省（海南）
试行低碳产品认证	2013年2月	发改委和认监委	未知

续表

方案	推出时间	主管政府部门	目标
首批低碳工业园区试点	2014 年 5 月	发改委和工信部	55 个城市通过审核
低碳社区试点	2014 年	发改委	1000 个
气候适应型城市建设试点	2017 年 3 月	发改委等	呼和浩特等 28 个城市
绿色金融改革创新试验区	2017 年 6 月，2019 年 11 月	中国人民银行等	六省（区）九地

资料来源：笔者基于相关政府网站和文献（蒋金荷，2017）整理。

至今，中国已推出八个指定碳交易计划试点，预计调节二氧化碳10亿吨（或近10%的中国年总排放量）。然而，2014年年初的碳交易价格相差很大，深圳高达80元/吨，北京为55元/吨，湖北为20元/吨。这是由于信息的缺乏：在大多数试点市场透露总体上限的大小，而不是上限如何决定、配额发放的数量和哪些公司有配额。从而"很难理解到底是什么在决定价格"。通过这些低碳交易、行业、城市试点，探索一些更有效的管理机制，为建立全国统一的碳排放交易市场提供经验。2020年年底，生态环境部出台《碳排放权交易管理办法（试行）》，印发《2019—2020年全国碳排放权交易配额总量设定与分配实施方案（发电行业）》，正式启动全国碳市场第一个履约周期[①]。

[①] 刘丽靓：《制度体系待完善　全国碳市场建设进入关键期》，《中国证券报》2021 年 3 月 9 日。

案例篇

三类城市绿色低碳转型路径选择

第四章

生态型城市的调研报告

——浙江省丽水市

2019年4月23—26日，中国社会科学院数量经济与技术经济研究所国情调研组赴浙江省丽水市开展了"地区经济发展与环境保护问题"的调研，与丽水市发改委、市经信局、市生态环境局、市农业农村局、市文旅体局、市住建局、市规划局、市交通运输局、市科技局、市自然资源局、市金融办、市财政局、市国税局及相关企业和事业单位等进行了座谈，考察了九龙湿地、古堰画乡、润生苔藓（企业）、下南山村、松阳县茶园等。本次调研的主要内容是调研地方政府和企业对"两山"理念的理解，以及如何践行"两山"理念、发展绿色经济的具体行动措施[①]。

第一节 丽水市经济社会发展概况

一 丽水市概况

丽水市是中国生态第一市，是"绿水青山就是金山银山"思想的发源地之一。丽水市位于浙江省西南部，浙闽两省的结合处，市域面积1.73万平方千米，占浙江省陆地面积的1/6，全国面积的1/600，是浙江省面积最大的地级市，浙西南的政治、经济和文化中心。现辖县（市、区）包括莲都区、龙泉市、青田县、云和县、庆元县、缙云县、遂昌县、松阳县、景宁县，9个县（市、区）均为革命老根据地，景宁县是全国唯

---

① 本书课题组部分成员于2020年5月31日—6月5日再次赴丽水市调研。

一的畲族自治县,华东地区唯一的少数民族自治县。丽水市既是生态城市,也是历史文化名城和旅游名城。

近些年来,丽水市委、市政府始终以浙江省委"八八战略"为总纲,① 努力探索"两山"通道转换实践,不仅保持了经济社会平稳较快发展,生态环境也得到不断改善。

一是综合实力持续提升。2018年丽水市实现地区生产总值增长率达到8.2%,规模以上工业增加值增长率达12.2%,社会消费品零售总额增长率达11.4%,增幅均居浙江省第一;一般公共预算收入增长率达15.1%。

二是生态环境质量持续领先。2018年,丽水市96个地表水环境功能区监测断面水质达标率为99.0%;12个全市国控"水十条"考核水质均满足功能区要求,并达到断面考核目标要求,Ⅰ—Ⅲ类断面比例为100%。空气质量在全国169个城市中位居第5;其中,市区PM2.5平均浓度为28微克/立方米,市区平均优良天数比例高达95.6%。

三是民生福祉持续改善。群众安全感满意率、"五水共治"满意度连续4年位居浙江省第一,食品安全满意度连续9年居浙江省第一,生态环境质量公众满意度连续10年名列全省第一。城镇居民人均可支配收入增长率为9.1%,增幅居全省第一;农村居民人均可支配收入增长率达10.2%,增幅连续10年为全省第一。2018年丽水市经济、生态和民生13个指标的"全省第一"充分体现了"两山"理念的优越性②。

二 丽水市经济社会发展情况

2014年是丽水市全面确立并实施"两山"理念战略指导思想的开局之年,本报告的经济社会分析从2014年开始③。

经济发展迅速,综合经济实力大幅提升。2014—2018年,丽水市GDP从1051.75亿元增加到1394.67亿元,年均实际增长是7.1%(见图4—1)。人均GDP从49459元增长到63611元,年均实际增长6.36%。

---

① 2003年7月,中共浙江省委举行第十一届四次全体(扩大)会议,在总结浙江经济多年来的发展经验基础上,全面系统地总结了浙江省发展的八个优势,提出了面向未来发展的八项举措——"八八战略",即进一步发挥八个方面的优势、推进八个方面的举措。

② 《丽水市2019年政府工作报告》,http://www.lishui.gov.cn/zwgk/zwxxgk/002645662/5/。

③ 2014—2018年数据来自《2019丽水统计年鉴》。

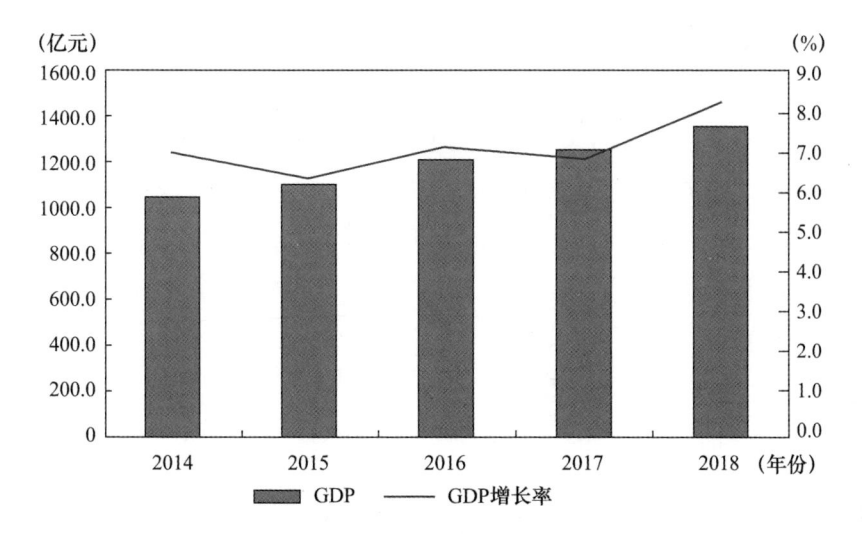

图 4—1　2014—2018 年丽水市经济发展状况

资料来源：丽水市统计年鉴和政府网站信息。

产业结构不断优化，服务业成为主导产业。丽水市三次产业结构从2014年的8.4∶48.1∶43.5升级到2018年的6.8∶41.4∶51.8，第一、第二产业比重下降，第三产业比重上升，服务业成为主导产业（见图4—2）。同时，就业结构不断优化，2014年三次产业就业结构是36.8∶26.4∶36.8，

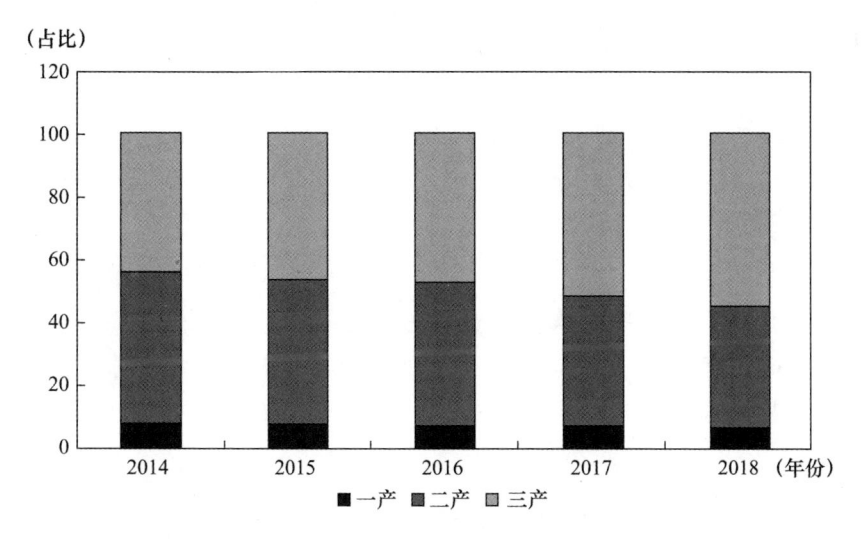

图 4—2　丽水市三次产业结构变化情况

资料来源：丽水市统计年鉴和政府网站信息。

2018年是33.0∶27.5∶39.5，第一、第二产业就业人数下降，第三产业就业人数上升，与产业结构相匹配。

财政总收入增长迅速，科技支出和环保支出增长迅速。2014年和2018年丽水市财政总收入分别是135.02亿元和211.18亿元，年均名义增长9.36%。公共财政预算支出中，科技支出和环保支出增长迅速，其中科技支出从2014年的4.61亿元增长到2018年的9.32亿元，年均名义增长15.13%，占预算支出的比重从2.12%提高到2.16%；环保支出从2014年的38961万元提高到2017年的100117万元，年均名义增长率是20.77%，占预算支出的比重从1.79%提高到2.32%。

固定资产投资增长迅速，基础设施投资增长较快。2014—2017年，丽水市固定资产投资从665.08亿元增加到903.84亿元，年均名义增长率是7.97%。其中，基础设施投资从255.52亿元增加到400.19亿元，年均名义增长率达到11.87%，占固定资产投资的比重从38.42%提高到44.28%。

高新技术产业增长迅速，专利申请和授权量呈增长态势。丽水市高新技术产业增加值增长迅速，2014—2018年年均实际增长9.15%，高于同期经济和工业增长速度。2014—2018年，丽水市专利申请量和授权量分别从0.42万件和0.37万件增长到1.4万件和0.74万件，年均实际分别增长27.10%和15.15%；其中，发明专利授权量从159件增长到381件，年均实际增长19.10%。

居民收入增长迅速，居住条件不断改善。2014—2018年，丽水市农村居民和城镇居民人均可支配收入分别从13635元和30413元增长到19922元和42557元，年均名义增长率分别是7.88%和6.95%。城乡收入差距逐步缩小，2014年城乡收入倍数是2.23倍，2018年是2.14倍，城乡发展更加和谐。2014—2018年，农村居民人均住宅面积从54.4平方米增加到64.6平方米（建筑面积），增加了10.2平方米；城镇居民人均住房面积从39.8平方米增加到48.8平方米（建筑面积），增加了9平方米。可见，城乡居民的居住条件不断改善。

常住人口总量有所增多，城市化率提高迅速。丽水市常住人口从2014年的213.1万人提高到2018年的219.9万人，增加了6.8万人，人口的增加为经济发展注入了活力；城市化率从2014年的55.2%提高到

2018 年的 61.5%，提高了 6.3 个百分点，城市化率均低于浙江省平均水平，但增长速度高于浙江省平均水平。

三 丽水市三农发展现状

（一）丽水市农业发展情况

1. 农产品种类丰富，品类齐全

经过多年发展，丽水市基本形成了菌、茶、果、菜等九大主导产业。2018 年丽水市粮食播种面积 69.91 千公顷，比上年增长 2.9%；粮食总产量 35.29 万吨，比上年增长 3.7%。油菜籽播种面积 2.23 千公顷，比上年增长 9.4%；蔬菜 45.81 千公顷，比上年下降 0.2%；花卉苗木 1.24 千公顷，比上年下降 3.2%；中药材 4.85 千公顷，比上年增长 1.8%；果用瓜 3.06 千公顷，比上年增长 0.1%。生猪年末存栏 36.86 万头，比上年增长 4.0%，年内出栏 57.97 万头，比上年下降 0.6%；全年肉类总产量 6.78 万吨，比上年增长 2.0%（见表 4—1）；水产品总产量 2.47 万吨，比上年增长 12.8%。

表 4—1　　　　　　　　2018 年丽水主要农产品产量

产品名称	绝对数（万吨）	比上年增长（%）
粮食	35.29	3.7
油料	0.67	8.1
其中：油菜籽	0.42	10.5
食用菌	4.59	-1.1
其中：香菇	2.42	-4.3
蔬菜	124.12	1.0
茶叶	3.53	5.1
水果	34.25	-0.8
其中：柑橘	9.98	-5.9
肉类	6.78	2.0
其中：猪牛羊肉	5.49	0.9
禽蛋	1.39	4.5

续表

产品名称	绝对数（万吨）	比上年增长（%）
中药材	1.86	8.8
毛竹（万根）	4076.62	-17.4

资料来源：丽水市统计网站。

2. 农业发展平稳，美丽乡村建设成果丰硕

从丽水市农业生产总值来看，近五年来，丽水市农业发展相对较为平稳（如图4—3所示）。据2018年《丽水市国民经济和社会发展统计公报》显示，截至2018年年末，丽水市累计创建省级美丽乡村示范县2个、示范乡镇32个、特色精品村89个；累计发展农家乐特色村203个、特色点323个，参与经营农户达4394户。

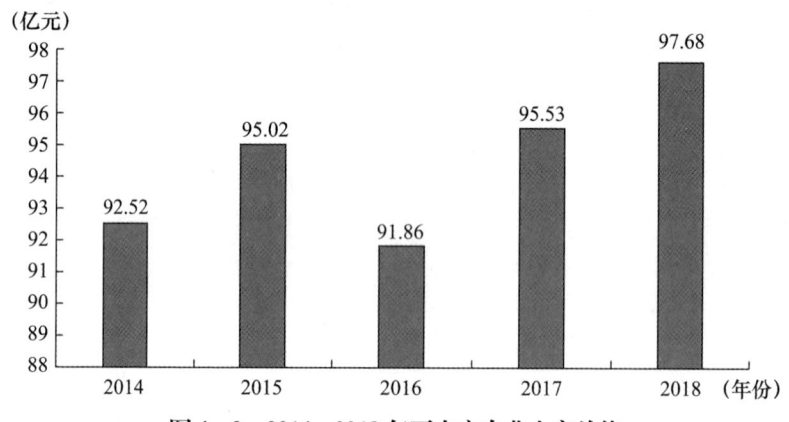

图4—3 2014—2018年丽水市农业生产总值

资料来源：丽水市统计年鉴和政府网站信息。

3. 标准化建设不断加快，品牌影响力逐步提升

在标准化生产方面，以稻鱼共生、稻蟹共生为代表的立体化种养模式、以"生猪养殖—沼气工程—有机肥加工—沼液利用"为代表的现代化循环养殖模式得以推广，循环农业建设初见成效。在标准化管理方面，全市制定农业生产标准214个，9县（市、区）均建成农产品检测中心，158个乡镇建成农产品快速检测室。农产品抽检合格率均在98%以上，农业标准化覆盖面平均达到61.2%。丽水市山区绿色食品、无公害农产品、有机食品规模不断扩大，数量不断增加。丽水市成功创立全国第一个地级市层面整合全域农业资源的农产品区域公用品牌"丽水山耕"，综合效益显著，知名度逐步提升，带动了全区域生态精品农业发展。

4. 各县（市、区）农业发展不平衡，总体呈现"北强南弱"的发展格局

莲都区、龙泉市、松阳县、遂昌县农业发展表现强劲，农业产值占据丽水市农业产值半壁江山，但其他各县相对较弱（如图4—4所示）。因此，丽水应放大标准化农业生产模式与农产品区域公用品牌优势，齐抓高效农业与农产品转型升级，突出各县农业比较优势，提高农业比较效益和产值转化率。

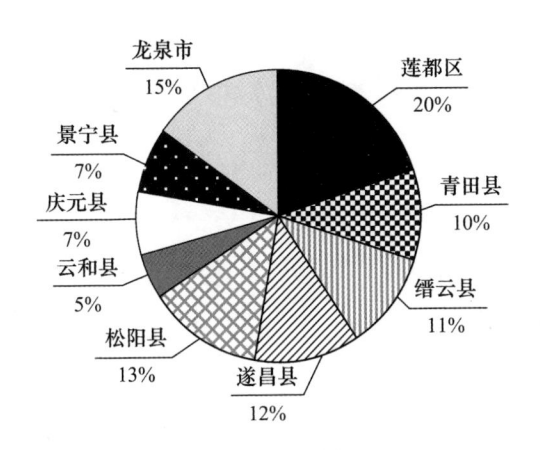

图4—4　2018年丽水市各县（市、区）农业产值比例

资料来源：2018年丽水市统计年鉴和政府网站信息。

（二）丽水市农民收入和扶贫现状

1. 农民可支配收入快速增长，但总体水平偏低

农民增收一直是丽水市最大的民生短板，为此，丽水市出台了一系列举措，大力推进农民增收，持续抓好养殖业、种植业、外出务工"老三宝"，大力推进农村电子商务、农家乐民宿、来料加工"新三宝"，为农民增收插上新的翅膀。2018年，丽水市农村常住居民人均可支配收入为19922元（如图4—5所示），名义增长10.2%，扣除价格因素增长7.5%。但是，目前丽水农民收入水平总体偏低，2018年浙江省农村居民

平均可支配收入为 27302 元，丽水市与浙江省平均水平仍存在较大差距。

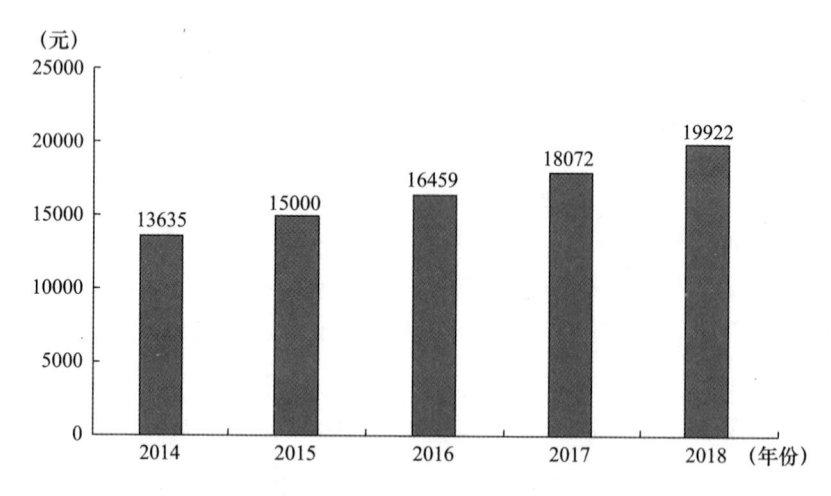

图 4—5　2014—2018 年丽水市农村居民可支配收入

资料来源：丽水市统计年鉴和政府网站信息。

2. 城乡居民可支配收入差距较大

2008—2018 年，丽水市农村居民可支配收入水平远低于城镇居民，且差距呈现逐步拉大趋势（如图 4—6 所示）。

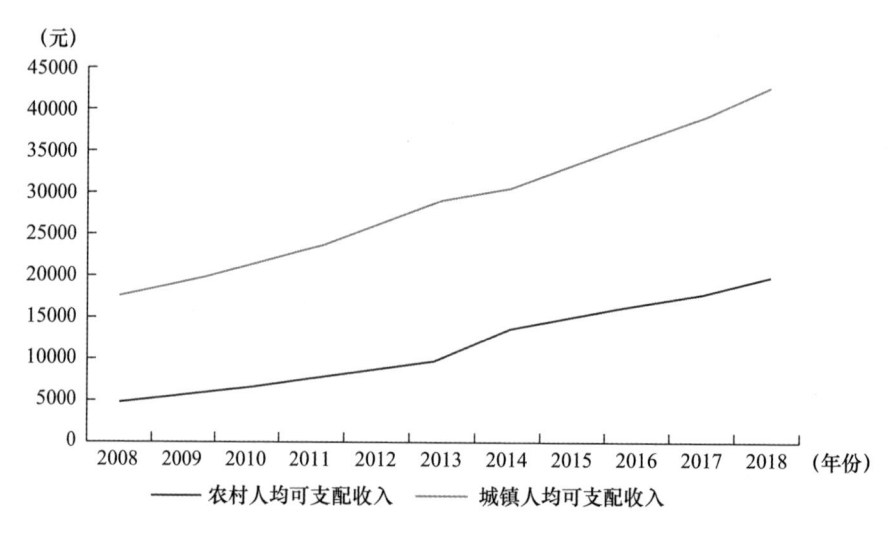

图 4—6　2008—2018 年丽水市城乡居民可支配收入差距

资料来源：丽水市统计年鉴和政府网站信息。

3. 持续推进精准扶贫行动。

丽水市是浙江省扶贫工作的重点区域，2013年经调查认定，全市低收入农户261221户、616425人，占全市农村总人口的27.92%，占全省扶持低收入农户总人数的19.41%；重点扶贫村有1569个，占全市行政村总数的55.05%和全省重点扶贫行政村总数的31.38%。近年来丽水市坚持深化全国扶贫改革试验区建设，建立扶贫开发长效机制，深入推进"低收入农户收入倍增计划"，确保低收入农户收入增幅高于农村常住居民人均可支配收入增幅，达到10%以上。继续完善省、市、县三级结对帮扶制度，搭建社会扶贫平台。聚焦集体经济经营性收入达到5万元这个核心任务，全面完成"消薄"三年行动计划。组织实施一批重点"消薄"项目，巩固提升经济薄弱村已有发展成效。加强对薄弱村的实地检查、台账管理和组织验收，坚决防止"数字消薄"，高质量全面完成1107个村的"消薄"任务。

（三）丽水市农村发展现状

近些年来，丽水市按照浙江省委、省政府关于"深化千万工程、建设美丽乡村"的决策部署，以绿色生态发展理念深入推进美丽乡村建设，努力打造"两山"理念的农村实践样板。以"六边三化三美"行动为龙头，加快改善农村人居环境，建设天更蓝、水更清、山更绿、地更净、空气更清新的美丽乡村，保护好绿水青山的"底色"。同时，通过加强古村落保护利用，加大传统技艺、传统民俗的挖掘传承，留住了乡村文化和历史记忆，扩展了生态文明和乡风文明。

但是，丽水市农村发展仍存在一些问题，主要包括以下两个方面。

1. 农村内部两极分化相对严重

以经商办企业为主的农民收入增长较快，而农业兼业户、纯农户的收入则增长较慢。根据农业普查资料显示，丽水市农村居民人均收入2500元以下的低收入农户比例达39.3%，比全省平均高出24个百分点。农村收入分配呈现"一头沉"，农村社会财富向高收入农户不断集中，农村内部收入差距逐步拉大。

2. 农村"空心化"程度不断加剧

作为浙江经济相对落后地区，丽水市工作条件和工资收入与长三角发达地区及其他发达城市存在差距，导致乡村精英人才外流加速，老龄化逐步加深，进而引致农村劳动力素质与结构整体落后、农村经济落后、农村产业缺失、乡土文化逐步遗失、乡村资源闲置浪费、乡村环境品质低下、基础设施落后。

丽水市应着力培育农村产业发展新动能，拓宽农民收入渠道，增加农民财产性收入、转移性收入等比例，吸引高端人才回流，同时适度引导老龄人口就业，转化释放人口红利，加快激活和复兴乡村经济，平衡农民收入杠杆。

第二节 丽水市践行"两山"理念情况

一 "两山"理念的提出与发展

"绿水青山就是金山银山"，简称"两山"理念，2005 年，时任浙江省委书记的习近平同志在浙江省安吉县余村考察时首次提出后，"两山"理念内涵不断拓展深化，已经成为生态文明建设的核心思想（杜雯翠、江河，2017）。

2006 年，习近平同志提出"在实践中认识'两座山'之间关系"，这需要经过三个阶段："从牺牲环境、索取资源，用绿水青山去换金山银山到两者都想要，从而经济发展和资源、环境之间的矛盾凸显，再到认识绿水青山可以带来金山银山"，从根本上更新了人们对自然和生态资源的传统认识，经济发展和环境保护并不对立，而实现上发展和保护是内在统一的，应该是和谐共生的关系（赵建军，2016）。

2013 年 9 月，习近平总书记再次强调，面对经济发展与生态保护的矛盾，必须把保护生态放在首位，强调了保护生态环境就是保护生产力，通过生态经济转化生态环境资源，绿水青山就可以变成金山银山，深刻阐述了自然资源和生态环境生产力的属性，揭示出了资源保护和绿色财富生产的关系，提出要在更高层次上实现人与自然的和谐（李炯，2016）。

2015 年 3 月，习近平总书记对该理论的内涵进一步阐发，"环境就是民生、青山就是美丽、蓝天也是幸福。要像保护眼睛一样保护生态环境，像对待生命一样对待生态环境"。这一阐述再次强调了生态环境的重要性（王金南等，2017）。

2016 年 5 月，联合国环境大会（UNEA）发布了《绿水青山就是金银山：中国生态文明战略与行动》（中国环境保护部、联合国环境规划署，2016），表明以"绿水青山就是金山银山"为导向的中国生态文明战略为世界可持续发展理念提升提供了"中国方案"和"中国版本"。2017年5月26日，习近平总书记在主持中共中央政治局第四十一次集体学习中指出，必须把生态文明建设摆在全局工作的突出位置，推动形成绿色发展方式和生活方式，是发展观的深刻革命，该理论正是新发展观的重要基础。2017年5月26日，习近平总书记《在十八届中央政治局第四十一次集体学习时的讲话》指出，"我们必须把生态文明建设摆在全局工作的突出地位，既要金山银山，也要绿水青山，努力实现经济社会发展和生态环境保护协同共进"。"推动形成绿色发展方式和生活方式，是发展观的一场深刻革命……让良好生态环境成为人民生活的增长点、成为经济社会持续健康发展的支撑点、成为展现中国良好形象的发力点，让中华大地天更蓝、山更绿、水更清、环境更优美（中共中央文献研究室，2017）。"

二 丽水市践行"两山"理念的主要举措

作为"两山"理论的重要发源地之一，丽水市自2014年一直以来以"两山"理念作为指导思想。尤其2015年党中央发布的《关于加快推进生态文明建设的意见》和国务院出台的《生态文明体制改革总体方案》都明确提出"坚持绿水青山就是金山银山，深入持久地推进生态文明建设"，要求树立"两山"理念，加快建立系统完整生态文明制度体系以后，丽水市深入践行"两山"理论，以"丽水之干"担当"丽水之赞"，大力发展绿色经济，不仅生态产业、生态经济迅速发展，而且创建了"拯救老屋"松阳模式和下南山村模式，为古村落的拯救、保护和发展提供了范例，还深入挖掘、保护和发展传统文化，为传统文化的发扬光大提供了模板。

（一）依托当地资源，大力发展生态农业

丽水市依据当地好山好水的资源禀赋，大力发展生态农业，并取得了良好的收益，成为全国的样板城市。

第一，大力发展现代农业园区，发展循环农业。丽水市结合当地山多的特点，引导当地居民发展家庭农场，深入实施生态精品农业

"361"工程,①建设生态精品农业种养区、特色优势农产品加工区、农业休闲发展区和农业生态功能区,培育标准化、基地化、产业化的生态精品农业产业带、产业群。丽水市成为省级现代生态循环农业示范市和农产品质量安全示范市,建立省级生态循环农业示范县。为了促进农产品的生产和销售,丽水市大力发展"三位一体"农村合作经济,②并促进农民转型,积极培育新型职业农民。

第二,创建覆盖全区域、全品种、全产业链的生态农业"丽水山耕"区域公用品牌。"丽水山耕"是由生态农业协会注册,所有权归政府,国有农投公司进行经营,采取生产合作、供销合作、信用合作"三位一体"的模式。在此基础上,不断增加产品品种和"丽水山耕"品牌合作基地,开创"丽水山耕+农村电商"模式,大力提升品牌影响力,并根据欧盟标准制定了"丽水山耕"标准体系、农药化肥准入标准等,不断增加"三品"(无公害农产品、绿色食品、有机食品)认证农产品和中国生态原产地保护产品。截至2018年6月底,"丽水山耕"背书产品875个,合作基地1122个,733家企业加入"丽水山耕"品牌旗下,形成了菌、茶、果等九大主导产业。"丽水山耕"产品累计销售额达101.58亿元,平均溢价率超过30%,北京、上海、深圳等20余个省市均有"丽水山耕"产品销售。经过5年的发展,"丽水山耕"成为"2018中国区域农业形象品牌影响力排行榜"第一名,提高了丽水市农产品的影响力,提升了农产品的生态价值。"丽水山耕"这种统一品牌的经营方式有效地改变了农产品的"低、小、散、弱",提高了区域农产品的凝聚力和知名度,同时也促进了当地农产品质量的提升,提高了农民收入和质量意识,实现了

---

① "361"工程,即到2016年,丽水市创建3个生态精品农业示范县、60个生态精品农业示范乡镇,培育100家生态精品农业示范企业(其中精深加工企业30家以上)、100个生态精品农业示范合作社、100个生态精品农业大学生创业典型、1000家生态精品农业示范家庭农场(专业大户)和1000个生态精品农产品(基地),带动农户10万户。到2016年,丽水市生态精品现代农业产值占农业总产值的50%以上,到2020年,基本形成生态精品现代农业产业体系,丽水农业品牌影响力明显提升。

② "三位一体"是指通过一定的利益机制、组织机制,以政府为主导、农民为主体、有关部门与社会各界主动参与,把农民专业合作社、供销合作社、信用合作社三类组织融合在一起,增强为生产服务的流通、金融、科技三重功能,发展贯穿县、乡、村三级的组织网络,构建融生产、供销、信用三大合作于一体的农村合作体系。

多赢。

　　第三，改造传统产业模式，在保护中发展和创新。青田"稻鱼共生"系统是中国第一个被联合国粮农组织认定的"全球重要农业文化遗产"，具有1300多年的历史，是以种养结合为特征的稻鱼农业生态系统，水稻为鱼类提供有机食物，鱼能够吞食害虫、松土增肥、除草和提供氧气等。为了继承和发扬这一农业文化遗产，丽水市通过设立专门机构、制定规划和服务平台形成了"稻鱼共生"生态循环农业生产技术体系，通过政策支持、品牌建设、智力支持和技术保障，生态价值不断提高，不仅保护了生态系统、延伸了产业链、提高了农民收入，还作为典型推广到世界各地。"青田田鱼"获评国家地理标志证明商标，青田田鱼和田鱼干被列入国家生态原产地保护产品名单，田鱼和大米获得有机、绿色和无公害认证数达14个，青田"稻鱼米"获"2017浙江好稻米"金奖。[①]

　　积极开发新产品，创造和发现新型绿色产品。丽水市生态环境优越，苔藓资源丰富。苔藓能有效去除环境污染物，作为中国首家从事苔藓产业化公司的丽水市润生苔藓科技有限公司充分捕捉了苔藓的这一特点，研究苔藓的特点并进行生产、经营和服务，为广大客户提供以苔藓为主的专业技术服务，年产值达到2000万元。[②] 丽水市润生苔藓科技有限公司不仅保护了苔藓资源，维护了生态环境的和谐，还充分体现了绿水青山就是金山银山的生态含义。

　　第四，为生态产品质量保驾护航。为了保证丽水市农产品的质量，提高其信誉，所有县（市、区）建立了对公众免费开放的农产品安全快速检测室，构建了农产品质量安全追溯体系、监管体系和农业科技服务体系，实现了浙江省省级农产品质量安全可追溯体系县（市、区）全覆盖，提高了客户对农产品的信任程度。

　　第五，积极探索推进农村产权改革。丽水市有浙江省最大的林区，森林覆盖率达80.79%，居全国地级市第二；林地面积为2193万亩，占浙

[①]《青田"稻鱼共生"系统：全球重要农业文化遗产保护试点的典范》，选自《生态产品价值实现机制丽水实践典型案例集（一）》，丽水市人民政府，2019年4月。

[②]《润生苔藓：小苔藓大产业　引领生态经济新潮流》，选自《生态产品价值实现机制丽水实践典型案例集（一）》，丽水市人民政府，2019年4月。

江省林地面积的1/4，具有"浙南林海"之称，也是丽水市的"沉睡资产"。为了盘活有限资源、提高农民收入，丽水市探索推进林权改革，把林地、林木的所有权和经营权分离，林地的所有权和经营权属于农户，林木的所有权和经营权属于经营者，即"四权分离"，并建立了随时随地可以查询的数字档案——"林权IC卡"。2008年庆元县县委出资成立了庆元县和兴林权抵押担保有限公司，履行担保义务，打消了金融部门的顾虑，建立了林农与银行的桥梁。林农可以利用林权进行抵押贷款，存活了森林资源，实现"活树变活钱、叶子变票子、资源变财富"，提高了林民经营者的积极性，提高了林农收入。

丽水市水多河道多，为了促进河道的管理和改善河道环境，丽水市开创了"河权到户"治水模式，分离河道管理权和经营权，将河道分段或分区域承包给农户，承包者负责河道日常保洁和管理工作，同时所有的收益归承包者，实现"活水变活钱"，真正把原有的河道"管起来、美起来"，不仅维修了河道，美化了丽水市内的河道，还提高了农民收入。丽水市的农村产权改革打造了"丽水样本"，并被推广到全国。

第六，探索构建生态系统生产总值（GEP）新体系并进行实践。丽水市在考虑资源禀赋的基础上，不断加强生态环境保护，加大投资生态资产力度，持续提升生态产品与服务的供给能力，构建了丽水市生态系统生产总值（GEP）与生态资产核算框架和指标体系，并于2018年7月发布了《丽水市生态系统生产总值（GEP）和生态资产核算研究报告》。丽水市GEP包括三部分：物质产品价值（占全部GEP总值的3.43%）、调节服务价值（占55.2%）和生态文化服务价值（占41.37%）。绿水青山从此有了"价格标签"。2019年3月，浙江省人民政府发布《浙江（丽水）生态产品价值实现机制试点方案》（浙政办发〔2019〕19号），要求浙江省"各地要深入践行绿水青山就是金山银山的理念，努力探索生态产品价值实现途径，加快推动形成绿色发展方式和生活方式"。2019年5月丽水市发布全国首份村级GEP核算报告《遂昌县大田村GEP核算报告》，由浙江大学、中科院生态环境研究中心、中国（丽水）两山学院核算的大田村GEP约为1.603亿元，其中物质产品约为0.246亿元，调节服务价值约为1.276亿元，文化服务价值约为0.081亿元。

经过5年的发展，丽水市在农业农村领域深入践行绿水青山就是金山银山的理念，成绩斐然，农村居民收入增长迅速，环境持续优化，"诗画浙江"大花园最美核心区建设效果显著。2018年，国家林草局将丽水市确定为全国唯一的"国家公园"试验区，同时生态环境部将丽水市命名为"两山"实践创新基地。丽水市成为全国首个生态产品价值实现机制试点市以来，不仅生态产品价值实现机制"丽水样板"入选"改革开放40年：地方改革创新40案例"，相关经验还被国务院大督查列为先进典型。

（二）促进传统工业转型，大力培育生态工业

为了保护丽水市的生态环境，近年来丽水市整治淘汰低小散企业以及落后产能，按照"园区外无工业，园区内无非生态工业"的理念发展生态工业，重点发展生物医药、节能环保、新型材料、绿色能源等环境适宜型产业。

首先，积极培育生态工业，并不断完善生态工业负面清单制度为核心的产业政策。在浙江省率先出台"生态工业发展负面清单管理制度"，改造开发区（园区）生态化、生态产业集聚区，丽水开发区成为省级生态化建设试点园区、循环化改造示范试点园区，龙泉汽车空调零部件产业基地、丽水智能装备及机器人成为国家火炬特色产业基地，龙泉、缙云工业园区升格为省级经济开发区，创建丽缙省级智能装备高新技术产业园区和智慧小镇科创园。

其次，淘汰落后产能，夯实产业平台。2017年丽水市制定实施生态工业"31576"五年行动计划①，积极推进企业上市，浙江股权交易中心专门设立了"丽水生态经济板"。"浙江制造"品牌认证企业持续增加，战略性新兴产业、高新技术产业和装备制造业增加值增长迅速。2018年丽水市发布"浙江制造"标准21项，缙云成为"浙江制造"品牌培育试

---

① "31576"行动计划，"3"即着力培育高端装备制造业、新材料、生态能源及生物医药三大千亿级产业，成为市域主导产业，力争到2021年三大产业产值达到3000亿元；"1"即推进现代装备制造、金属制品、汽车空调配件等10个以上具有区域特色（百亿）产业集群转型，形成产业支撑，五年累计引进亿元以上工业大项目100个；"5"形成一批主业突出、拥有自主知识产权和自主品牌、核心竞争力强的大企业大集团，到2021年，全市产值超十亿元骨干龙头企业达50家，高新技术企业达500家；"7"即到2021年力争全市上市企业达70家，其中IPO企业10家以上；"6"即到2021年全市规模以上工业增加值达到600亿元，年均增长9.5%以上。

点县，丽水市成为省级生态工业试点市，战略性新兴产业、装备制造业、健康制造业增加值增幅均居浙江省第一。

最后，利用生态资源优势，大力发展特色小镇，实现省级特色小镇县（市、区）全覆盖，发展特色产业，2017年特色产业投资超过70%。具有1700多年历史的龙泉青瓷，位于具有"中国青瓷之乡"之称的丽水龙泉。龙泉青瓷分"哥窑"和"弟窑"两种类型，龙泉"哥窑"被视为瓷中珍品，列为宋代五大名窑之一，龙泉"弟窑"被誉为"青瓷之花"。龙泉青瓷传统烧制技艺，2006年列入第一批《国家级非物质文化遗产名录》，2009年被批准列入《联合国人类非物质文化遗产代表名录》（联合国教科文组织保护非物质文化遗产政府间委员会），是全球唯一入选的陶瓷类项目。2015年丽水龙泉成为浙江省第一批特色小镇，即"中国青瓷小镇"，引进10多位国家级、省级工艺美术大师设立个人工作室，[1] 成功举办世界青瓷大会等文化交流活动。2018年龙泉小镇青瓷产值超过10亿元，从业人员超过万人，工艺美术师数十人。经过5年的发展，丽水工业进入高质量发展通道，2018年丽水市规模以上工业增加值增幅浙江省第一。

（三）生态旅游成为服务业增长新动能

丽水市紧紧依托当地生态资源，大力发展生态旅游业，把生态休闲旅游业作为第一战略支柱产业，重点做大旅游经济规模，促进全域旅游发展，提升旅游发展质量，提高旅游带动作用。旅游已成为丽水升级农产品流通渠道、提高农业附加值、复兴乡村经济的有效途径与手段。2018年丽水市实现旅游总收入667.9亿元，增长率为16.6%，其中，国内旅游收入667.62亿元，增长率为16.6%；旅游外汇收入392.07万美元，增长率为11.7%。

第一，丽水市坚持全域旅游发展。鉴于丽水市被誉为"中国生态第一市"，具有丰富的生态旅游资源，如，丽水市2014年获全国第一个"气候养生之乡"称号，并发布多项养生养老行业地方标准；遂昌县入选"2014'美丽中国'十佳旅游县"；2015年九龙湿地成为"国家湿地公

---

[1] 王小荣：《在"一带一路"战略背景下龙泉青瓷的历史担当》，http://lqnews.zjol.com.cn/lqnews/system/2016/06/02/020480108.shtml。

园";2016年1区1市7县均列入省全域旅游示范县创建名单,并入选第二批国家旅游业改革创新先行区,在全省率先实现"民宿保"全覆盖。①2017年莲都县被评为全国休闲农业和乡村旅游示范县,成功举办丽水山居·台湾民宿交流合作活动周系列活动,丽水山居成为丽水乡村旅游的品牌;2018年丽水市评定A级以上景区村庄242个,其中3A级景区村庄25个,并获评"全国民宿产业发展示范区",缙云、遂昌、松阳成为首批省级全域旅游示范县。② 丽水市全域旅游格局初步形成。

第二,丽水市大力建设农业景观带、休闲观光农业区(点),把生态农业和旅游结合起来,促进农旅融合发展。近年来,丽水市在农业和旅游业的融合发展上进行了系列创新,通过以农兴旅、以旅促农,农旅融合,形成了丽水市独特的农旅融合发展路径。在具体抓手方面,丽水市通过"六边三化三美"工程,对河边、公路边、村边等重点区域进行绿化、洁化和美化,做好乡村大环境建设。将过去纯生产功能的农业园区,通过配套旅游基础设施进行提升,转变为集休闲、体验、观光、美食等于一体的现代景区。针对传统农家乐固有问题,兼顾硬件和软件建设,加以提升改造,并出台了专项政策,激发主体的转型动力,形成了一批高品质的农家乐民宿集群。同时,创建了区域公用品牌"丽水山耕",来整合区域内农产品旅游地商品生产经营主体、渠道、品牌等各类资源,实现农副产品的品牌化发展。最终,丽水市实现了农业园区转变现代景区、土货农产品转变旅游商品、传统民房转变特色民宿,在一程度上系统解决了"看什么""买什么""住哪里"等农旅融合的关键问题。丽水市把农产品转化为旅游地商品,培育农产品旅游地商品生产经营主体数百家,不仅提高了旅游收入,还提高了农产品的附加价值。2016年建成"一机游丽水"智慧旅游综合服务平台,全方位地为游客提供丽水市旅游的"百科全书",以及丽水市的特色旅游商品,为游客展示旅游资源的同时,带动了丽水市农产品的销售,促进了农旅深度融合。

---

① "民宿保"采取"政府+保险公司+业主"三合一模式,将农家乐民宿保险分政府统保和业主自行投保两块,帮助农家乐、民宿经营户依法合理转嫁意外责任风险,为业主和游客撑起了保驾护航的"安全伞"。丽水农家乐参保率达100%。

② 丽水市2018年和2019年政府工作报告,http://www.lishui.gov.cn/zwgk/zwxxgk/002645662/5/。

第三，创建农家乐综合体模式，获"2014 中国全面小康十大民生决策奖"。丽水市依托"中国生态第一市"的优势，将乡村休闲旅游业与生态精品农业、养生养老产业相结合，创建了农家乐综合体①，不仅提高了农家乐的档次，还转变了其经营模式，增加了农家乐的差异性，带动了乡村旅游。根据《丽水市农家乐综合体发展总体规划（2013—2020 年）》，到 2020 年全市创建农家乐综合体不少于 100 家。

第四，"废居"变"金屋"。随着城市化的发展和下山移民工程的加速推进，丽水市部分山村居民进入城市或乡镇居住，原有民居成"废居"。为了充分利用现有资源，提高丽水市民宿特色和竞争力。2016 年丽水市印发了《关于大力发展农家乐民宿经济、促进乡村旅游转型升级发展三年行动计划（2016—2018 年）》（丽委办发〔2016〕1 号），提出打造"丽水山居"民宿县域公用品牌。首先是政府引导，统筹规划；其次是与古村复兴、丽水山耕结合，打响品牌；最后是借力平台，举办各种活动，大力宣传"丽水山居"。丽水市通过"古村+"与生态、资本、技术和人才相结合，在遵循乡村自身发展规律的基础上，充分利用农村特点和地域特色，挖掘古村蕴含的多元生态价值，把农村"废居"变为致富"金屋"，农居的传统文化价值变为经济价值，不仅充分利用废弃资源，还提高了居民收入；而且丰富了"丽水山居"的品牌含义，"丽水山居"本来只是民宿区域公共品牌，通过智慧游、农旅结合、规范化等丰富了"丽水山居"民宿产品内容，提升了丽水市民宿的影响力和竞争力。②

2014—2018 年，丽水市在"旅游+""+旅游"上充分做文章，旅游总收入年度增长均在 25% 以上，获得休闲农业与乡村旅游"国字号"头衔 23 个，旅游业成为丽水市服务业增长的新动能，带动了服务业的迅

---

① 根据《丽水市农家乐综合体发展总体规划（2013—2020 年）》，农家乐综合体是指以乡村的资源环境为载体，以乡村的原有环境为基础，以乡村的特色产业和地域文化为支撑，以美丽乡村建设为切入口，以养生养老产业发展为契机，以创意文化和特色产业为核心吸引物，秉承"乡村生活"模式，为游客提供最佳乡村休闲度假、观光娱乐、体验劳作、科普教育、文化体验、养生养老、健康生活的第二生活空间，集"吃、住、行、游、购、娱、养、育"八要素为一体的综合体，最终推动农村区域经济发展，带动农民增收致富，从而形成主题特色化、功能集聚化、业态多样化、乡村本质化、吸纳无界化的一种全新乡村旅游的实现载体和形式。

② 此部分资料来自《九、"丽水山居"："废居"变为"金屋"的丽水样板》，选自《生态产品价值实现机制丽水实践典型案例集（二）》，丽水市人民政府，2019 年 5 月。

速发展，2014—2018 年丽水市服务业年均实际增长率是 8.72%，远远高于 GDP 和第二产业的 7.10% 和 6.25%。

第三节　丽水市生态产品价值实现典型案例

近年来，学术界对"生态产品"内涵和外延的认识，正在不断深化。一般认为，生态产品是指维系生态安全、保障生态调节功能、提供良好人居环境的自然要素，包括清新的空气、清洁的水源和宜人的气候等，具体的价值包括物质产品供给功能，如生态农业生产的物质产品供给；调节服务功能，如水土保持、生物多样性等；文化服务功能，如生态旅游、自然景观等（李宏伟等，2020）。生态产品的价值实现过程，是打开"两山"转化通道的应有之义。围绕"两山"理念，丽水市经过多年的探索实践，在促成生态产品价值实现上积累了丰富的经验、案例。

一　物质供给产品价值实现案例

（一）"丽水山耕"品牌[①]

"山"是丽水市最大的自然特征，"耕"则是传统生产方式的体现，得天独厚的生态优势孕育了丽水市独有特色的农耕文明。"丽水山耕"品牌是丽水市历经三年创立的全国首个覆盖全品类、全区域、全产业链的地市级农业区域公共品牌。该品牌自成立以来，生态产品溢价明显，已显现出强大的生命力。

丽水市全市有七千多个生产经营主体，近三千个品牌商标，但国家级龙头仅一家，基本没有著名商标。面对消费者对"品牌农产品"的旺盛需求，丽水市意识到品牌化的重要作用，由政府直接出面组织，创建覆盖全市域、全品类、全产业链的区域公用品牌"丽水山耕"，并构建起一套比较科学、完善的品牌运行模式。

2014 年 9 月，在政府推动引导下，"丽水山耕"正式亮相后，快速地在浙江省内及周边省市叫响。2017 年 6 月 27 日，"丽水山耕"成功注册

[①] 此部分资料来自《一、丽水山耕：品牌溢价下的有效机制》，选自《生态产品价值实现机制丽水实践典型案例集（一）》，丽水市人民政府，2019 年 4 月。

为全国首个含有地级市名的集体商标,以政府所有、生态农业协会注册、国有农投公司运营的模式,并结合生产合作、供销合作、信用合作"三位一体"改革工作,建立"丽水山耕"区域公用品牌为引领的全产业链一体化公共服务体系,成为了丽水市践行"两山"理念的新模式、新途径。

"丽水山耕"的主要做法可归结为以下六个方面。

一是出台规划引领。丽水市政府出台了《"丽水山耕"品牌建设实施方案（2016—2020 年）》,明确了"十三五"期间"丽水山耕"品牌建设的总体目标和阶段性目标,全面规划"丽水山耕"品牌发展路径,从品牌培育、推广、质量标准、农产品安全等方面提出了具体工作举措。

二是实行企业运作。丽水市生态农业协会是"丽水山耕"品牌的所有者,品牌的实际运营和推广是丽水市农业投资发展有限公司（属于正处级国企）。丽水市生态农业协会和丽水市农业投资发展有限公司是两块牌子一套人马,公司下属包括丽水蓝城检测公司、丽水绿盒电子商务公司等 14 个子公司,工作人员有 200 多人。这些都为"丽水山耕"品牌的良好运作和推广提供了充足的人力、物力、财力保障。

三是开展标准认证。"丽水山耕"品牌标准认证工作是在国家认监委复函批准实施"丽水山耕"农业品牌认证试点工作的基础上开展的,成为全国农业区域首个开展认证工作的公用品牌。截至 2018 年 6 月底,已初步建立 A 标（通用标准）和 B 标（产品标准）的品牌标准体系,并以此为基础,在"丽水山耕"国际认证联盟的认证之下,完成了首批 21 家企业的认证工作,发放 23 张"丽水山耕"品牌认证证书。以第三方认证的模式推进规范化品牌管理。

四是全程溯源监管。质量是品牌的核心生命力。为此公司以基地直供、检测准入、全程追溯为宗旨,对产品质量进行严格的检测把关,实现农产品溯源系统全覆盖。截至 2018 年 6 月底,全市加入省市两个平台追溯体系的企业 1419 家,完成产品检测样品 15465 个、851748 项次,二维码防伪标签申领使用 100 万张,制定农产品链贮运操作手册 16 个。

五是拓宽营销渠道。整合网商、店商、微商,形成"三商融合"营销体系；创建"物联网 + 大数据"为基础的"壹生态"信息化服务系统,对接全球统一标识的 GS1 系统,提供大数据服务；以农耕文化推广为载体，开展枇杷、杨梅、茭白等农事节活动和"丽水山耕"十佳伴手礼评选活动；组织参加丽水生态精品农博会、上海（浙江）名优博览会、浙江省农博会等系列品牌宣传活动；结合"丽水山耕"旅游地商品转化，开展推进品牌旅游地商品转化网点建设工作。截至2018年6月底，电子商务平台完成254个农产品入驻；完成"丽水山耕"线下营销网点建设173个。

六是完善考核机制。市政府对各县（市、区）、各职能部门专设"丽水山耕"品牌建设工作考核，并要求"一周一报"。同时组织了各县（市、区）交叉检查、市级部门现场调研、品牌使用规范专项检查等多项工作督查，确保工作落到实处。

截至2018年6月底，丽水市生态农业协会会员总数超过700家，形成九大主导产业，产品累计销售额超百亿元，产品销售已涉及国内20余个省市，并被评为浙江省十大区域公用品牌产品。根据2017年中国农产品区域公用品牌价值评估结果显示，"丽水山耕"品牌价值26.59亿元，在百强榜排名第64位。

案例总结

低、小、散、弱是落后地区农业发展的基本特征。越是落后地区，就越要发挥政府的有效作为。"丽水山耕"品牌初步成功的背后，充分发挥了政府在品牌建设中的作用。生态农业协会起到了市场主体作用，溯源管理倒逼了农业产业的标准化进程加速，品牌背书提升了生态产品价值的整体优势，"壹生态"系统地推动了高效流通和品牌营销。可以说，"丽水山耕"品牌的基底在于丽水市生态农产品的高品质，但助推插上"溢价"翅膀的却是后发地区的有为政府。

（二）"拯救老屋"的松阳模式①

丽水市作为历史文化名城，有历史文化村落471个，具有较高保护利用价值的历史文化村落137个，占全省（971个）的14%。其中，古建筑村落95个，自然生态村落20个，民俗风情村落22个，同时丽水市境内

---

① 此部分资料来自《五、松阳传统古村落：乡村振兴的古村路径》，选自《生态产品价值实现机制丽水实践典型案例集（一）》，丽水市人民政府，2019年4月；《一、"拯救老屋"的松阳模式》，选自《生态产品价值实现机制丽水实践典型案例集（二）》，丽水市人民政府，2019年5月。

还拥有较多保存良好的土房、空心村等。[①] 如何保护古村落，唤醒"沉睡资本"并将其发扬光大，进行传承和发展，丽水市创建了松阳模式和下南山村模式。

"拯救老屋"是乡村振兴的德政工程、乡村价值变现的基础性工程。丽水创建了"拯救老屋"的松阳模式，并荣获第五届浙江省公共管理创新案例十佳创新奖，"全面推广'拯救老屋'松阳模式"被写入浙江省政府工作报告中；"拯救老屋行动"作为助力乡村振兴重要之举被写入中共中央、国务院《乡村振兴战略规划（2018—2022年）》，成为全国拯救古村落的样板。

松阳县具有1800多年建县历史，是丽水建制最早的县，也是中国历史文化名城名镇名村体系保留最完整的、乡土文化传承最好的地区之一。目前松阳县内完整传统村落具有100多个，是全国古村落数量最多的县域之一，其中71个被录入"中国传统古村落"名录，总量位居华东地区第一、全国第二，浓缩着中国传统村落的农耕生态、农耕文化、农居生活。与全国各地传统村落一样，松阳的老屋一度陷于衰败甚至消亡的境地。

为突破传统村落中私人产权文物建筑存量大、分布广，而修缮资金严重短缺的瓶颈，由财政部、国家文物局批准设立，中国文物保护基金会全程管理监督的传统村落保护公益项目，松阳县"拯救老屋行动"应运而生。"拯救老屋行动"项目是以习近平总书记关于"留住乡愁、保护传统村落"的重要讲话精神为指导，按照国家七部委局关于保护传统村落的工作部署，通过中国文物保护基金会的有限投入，带动民间资金投入传统村落保护，构建了以财政资助为推动，房屋产权人为主体、社会力量广泛参与的传统村落保护新模式，充分体现了"两山"理念的生态价值。

松阳县的主要做法包括：一是加强政府指导，多方参与，科学规划，先后编制了《浙江松阳县传统村落文物建筑保护修缮技术导则》《浙江松阳县传统村落文物建筑修缮概算指南》等系列文件，制定出台《松阳县"拯救老屋行动"实施方案》和《松阳县"拯救老屋行动"项目与资助资金管理办法》等，在保持原生态的基础上，通过治理美化环境，运用原始手法进行恢复和修建古村，展现村落古貌；二是深入挖掘乡土文化和

[①]《丽水市农家乐综合体发展总体规划（2013—2020年）》。

地方特色民俗，依靠地方丰富的生态资源，建设乡村博物馆、地方古工艺展览馆等，建设"画家村""摄影村""土家文化村"等，建设松荫溪骑行绿道，展现乡村风貌、乡村文化，推进全域生态旅游；三是充分利用"互联网+"，整合城乡资源，把生态产品、古工艺体验、民俗节和乡村旅游结合，促进了乡村旅游、生态旅游、文化旅游的融合。

案例总结

松阳县通过以上措施，将古村与资本、技术、人才等结合，不仅保护了古村落，还充分利用提升了其价值，在提高居民收入的同时，使古村焕发新颜，绘出了乡村振兴新天地，探索出可推广的"拯救老屋"松阳模式。

（三）莲都下南山村模式[①]

建于明万历年间的下南山村是浙江省省级历史文化村落保护利用重点村和丽水市市级文保单位，位于丽水市莲都区碧湖镇。但因建于山上，交通不便，在莲都区、镇政府的帮助下于2004年实现整村搬迁。空无一人的古民居群因无人居住、看管、维护，逐渐衰败和损毁。

为了保护承载历史文化的古村落，2013年下南山村被列入首批省级历史文化村落保护利用重点村。在省市区各级农办及有关部门的共同指导下，按照"保护第一、修旧如旧"的原则，对全村35幢古民居进行了抢救性修复，并配套基本设施，较好地保存了古村原貌。

2016年，为了开发利用和保护古民居，展现古民居的历史文化价值，在当地政府的帮助下，浙江联众集团与村集体、村民三方签合作协议，村集体、村民以现有土地、房屋及设施的使用权作为出资，浙江联众集团开发建设和运营，双方合作期限31年。下南山村以每年固定回报的方式收取项目利润，项目利润按照村集体30%、村民70%的比例分成，第一年为筹备期免项目利润，第一个五年收取利润为25万元/年，每五年收取利润调高一次，第六个五年收取利润为37万元/年，极大地提高了原村民的收入，村民的权益也有了保障。

下南山村通过政企联合，通过"保护+开发+利用"，以"古村+众

[①] 此部分资料来自《六、莲都"下南山"：古村振兴的活化样本》，选自《生态产品价值实现机制丽水实践典型案例集（一）》，丽水市人民政府，2019年4月。

创"的互联网分享模式探索合作经营，打造古村落度假综合体，同时注重设计，以原始方式运输材料，修复古建筑，修旧如旧，保护古村落风貌和原有风水布局，传承和发扬瓯越吊脚传统建筑制式，营造原始古朴景点；以现代经营方式运营，并提供餐饮、咖啡吧、书吧、讲堂、农超、养生、传统工艺、手工、会议室等多种服务，不仅有依托"农时"的赏花游、采摘游，与农业生态产品、农事节庆活动结合，促进农旅融合发展，也有"老年大学""慢生活俱乐部"为闲时山村注入活力，同时通过"众创"进行招商，开展合作经营，不仅提高了古村落的名声，保持了一个乡村应有的状态，还带动周边农民增收致富。

下南山村的经营模式在 2016 年获评省级历史文化村落保护利用重点村绩效"优秀"荣誉称号；2017 年获 SMART 国际乡创峰会"年度最佳乡村复兴"奖。下南山村采用工商资本，建立与村集体、农户利益共享机制，对古民居实施原貌修复、整村开发、精品经营，从而实现历史文化的价值再现。

案例总结

古村落不仅仅是民居，也是历史文化的载体，是文化遗产的一部分，是乡情民愁的寄托。古村落既然是文化资源，保护古村落，是传承文化，也是打造地方特色名片的新载体。丽水市的古村保护和开发利用是依托当地历史文化资源，留住文明记忆，按照"一村一品""一村一特色"的要求进行，避免了目前千村一面、村村相同的窘境，以及新农村建设的尴尬，为新农村建设和古村落保护开发提供了样板。

二 调节服务产品价值实现案例

（一）龙泉国镜药业①

国镜药业是环境适应型产业。国镜药业的发展壮大，离不开当地优良生态环境的支持。浙江国镜药业有限公司前身为创建于 1969 年的龙泉制药厂，2003 年更改为公司现名，2010 年通过股权转让成为四川科伦药业股份有限公司（上市公司）的控股子公司。公司主要产品为大容量注射

---

① 此部分资料来自《二、龙泉国镜药业：小成本大效益 念活生态经》，选自《生态产品价值实现机制丽水实践典型案例集（一）》，丽水市人民政府，2019 年 4 月。

剂、片剂、胶囊、合剂、头孢口服制剂等，以大容量注射剂为主打产品。企业投资近 10 亿元为新工厂配备了国际一流制造装备，工厂采用全自动包装系统、大型穿梭式高架密集库等先进系统，是最接近工业 4.0 的智能制药工厂。近年来，该公司发挥龙泉优质的生态资源优势，加大机器设备的改造投入，通过环保改造减少和消除环境污染，形成高效发展与环境保护的良性循环。

国镜药业的主要做法有：一是有效发挥水资源成本优势。原水的水质决定了注射用水制备处理的成本。龙泉地下水和河水的电导率不超过 100，只是其他地区的四分之一。国镜公司的原水取自龙泉溪和龙泉地下水，水好、杂质少，大大降低了水处理设施的负荷，减少了耗材的使用，原水浪费少，极大地降低了水净化的成本。二是有效发挥空气净化处理成本优势。药品生产对药品生产区域有极高的要求，需要空气净化系统 24 小时不间断运行，其运行维护费用相当高。龙泉市空气质量优良，大幅度降低了过滤器的更换周期，极大地降低了运行成本。三是有效发挥工业蒸汽成本优势。以前，国镜公司使用煤炭燃烧产生蒸汽，燃煤污染较大。龙泉市竹木资源丰富，加工企业多。国镜公司对原有燃煤锅炉进行生物质燃料改造，把竹木制品的边角料、废弃菌棒和树皮、板皮等废弃物变成了锅炉燃料，有效减少了二氧化硫的排放，既保护了生态环境，又降低了制造成本。四是贯彻环保理念守住绿水青山。近几年来，国镜公司先后投入 1100 万元用于全厂环保改造，建设了 500 吨水处理系统、全厂雨污分流、固废、危废管理、锅炉水幕除尘系统等多项环保设施，设立了安全环保部，保证环保设施的有效运行，同时主动增加了 24 小时水处理设施在线监测系统、刷卡排放系统，实现了绿色生产和清洁生产。除了污水治理外，在生物质燃料环节，国镜公司配备了锅炉水幕除尘系统，确保排放达标，而"清洗"过烟尘的废水也进入污水处理池，实现二次循环使用。

国镜药业的发展得益于龙泉的好山好水好空气，和同行相比，该公司的空气净化系统节省近 60% 的维护费用，水净化处理成本每年可以节约 158 万元，蒸汽耗用成本下降了 90%。公司不仅收获了经济效益，而且通过环保改造，有效地减少了污水废气废品的排放，实现与生态环境的良性互动和绿色循环，既保护了环境，又降低了制造成本。2017 年，国镜药业在龙泉市工业十强企业中排名第一，业绩在科伦药业的 87 家分公司中由倒数跃升至前列，实现工业总产值 2.8 亿元，上缴税费 1200 余万元，成为浙江省健康医药产业的标杆企业。

案例总结

国镜药业一方面整合当地资源环境有效降低运营成本，另一方面通过环保改造减少和消除环境污染，减少能源消耗，形成企业发展与环境保护的良性循环。龙泉的好山好水好空气，造就了企业发展不可替代的竞争优势——这正是生态系统发挥调节服务功能的魅力之处。

（二）遂昌凯恩特种材料[①]

21 世纪的产业越来越依赖高新技术，而高新技术对生态环境的要求也越来越高，如何发挥技术优势利用好生态环境，使产业与生态既能很好融合又能相互促进，凯恩特种材料是一个很好的样板。

浙江凯恩特种材料股份有限公司（原遂昌造纸厂）成立于 1998 年，是一家致力于生产和开发高性能特种纸的高新技术企业，公司位于浙江省遂昌县妙高街道，注册资本 4.68 亿元，现有员工 850 人。公司于 2003 年 4 月被列为浙江省绿色企业；2004 年在深交所成功上市，成为丽水市首家上市公司；2009 年公司被列入浙江省工业行业龙头骨干企业；2012 年公司被列入国家创新试点企业和国家重点高新技术企业。公司主要产品为电解电容器纸、无纺壁纸、茶叶滤纸、烟用接装原纸、吸尘器袋纸等，电解电容器纸更是成为航天、国防、家电等领域不可或缺的关键材料。近年来，该公司发挥遂昌优质的生态资源优势，不断加大技术改造和创新投入，通过环保设备改造减少和消除环境污染，形成高效发展与环境保护的良性循环。

从 2000 年至今，公司先后投入 10 多亿元新建凯恩特种纸高科技工业园，并从德国、日本等国引进了具有国际先进水平的关键生产设备及在线检测设备，建成了国际一流水平的特种纸生产线。一举从原来产品单一、管理混乱、污染严重、效率低下、包袱沉重、濒临亏损的老造纸企业，蜕变为技术领先、行业主导、绿色环保的高新技术企业，实现了脱胎换骨，凤凰涅槃。

---

① 此部分资料来自《三、遂昌凯恩：特种材料的生态依赖》，选自《生态产品价值实现机制丽水实践典型案例集（一）》，丽水市人民政府，2019 年 4 月。

凯恩特种材料股份有限公司的主要做法可归结为以下五个方面。

一是有效发挥水资源优势。原水的水质决定了特种纸的质量和成本，遂昌的地下水和河水的电导率不超过100，为其他地区的1/4。公司的原水取自瓯江松阴溪上游，水好、杂质少，大大降低了水处理的成本，减少了水处理设备的损耗。

二是有效发挥清洁生产优势。公司一改过去生产低档办公用纸及自制草浆的历史，转用商品浆生产高附加值的高科技特种纸，一举切断污染源，同时主动纳入在线环保监测，先后投入4000多万元，建设系统的污水处理、白水回用和锅炉烟尘脱硫设施，生产废水经循环处理后返回生产系统使用，每年可节约用水200多万吨，成为浙江省清洁生产典范企业、绿色环保企业。

三是有效发挥循环经济优势。公司的循环经济理念几乎覆盖到生产的每个细节，不断从废水、固废中"淘"回有用资源进行重新利用。污水处理站的污泥全部卖给其他造纸企业做低档纸产品，锅炉产生的煤渣全部用于砖厂制砖。

四是有效发挥行业标准优势。公司为全国特种纸委员会副主任级单位，主导制定二十多项国家、行业标准，主持多项国家、省级重点课题，首创世界独有的电解电容器纸纤维横向排列技术、不同原料不同工艺双层双密度纸制造技术，电气用纸、特殊长纤维纸和耐磨纸等领域拥有独有核心技术，无纺壁纸原纸填补国内空白。

五是有效发挥人才竞争优势。特种纸虽是高科技，但技术寿命短暂，要想立足行业，永立潮头，必须以超强、超前的科研能力为保证。为此，凯恩特种材料股份有限公司始终坚持以人才为本，创新为魂，技术从"跟跑"到"领跑"。目前，凯恩股份850多名员工中，科研人员占1/7，技术人员占1/3，1/10拥有高级技术职称。

这些年来，公司把保护环境、节约资源、走可持续发展道路作为企业百年大计来抓，把"创建二十一世纪绿色企业"作为企业的发展战略目标之一。引进高效、高速、节水型纸机基础，对所有12条生产线全部进行技术改造，生产效率提高140%，吨纸汽耗下降25%以上，水耗下降50%以上。公司不仅降低了制造成本、收获了经济效益，又保护了环境。2017年，公司实现销售收入10.28亿元，增长9.1%，成为全国唯一能够系列化生产高中低压电解电容器纸的生产企业、全球第二大行业企业。五年来累计实现产值 27.55 亿元，贡献税收 2 亿元，为社会提供 1000 多个就业岗位。

案例总结

凯恩特种材料股份有限公司作为涉足电子材料、造纸等业务领域的高新技术型、生态型企业，一方面通过当地生态环境优势有效降低运营成本，通过环保改造消除环境污染，减少能源消耗，形成企业发展与环境保护的良性循环；另一方面，在努力实现自身成长的同时，发挥业务领域的科研和生产优势，推动规范行业标准，促进行业科技进步。凯恩物种材料股份有限公司的发展壮大，离不开遂昌"好山好水好空气"的支持，用实践证明了"绿水青山就是金山银山""生态就是资源，生态就是生产力"。

三 文化服务产品价值实现案例

（一）青田石雕文化

青田石是"中国四大名石"之一，被誉为"印石之祖"，素有"图书石"的美称，而作为传统工艺美术奇葩的青田石雕，则因其风格写实而尚易，精妙而大器，细腻精巧，形神兼备，自成流派，素有"天下第一雕"之美誉。青田石雕作为地方传统美术，发端于距今 5000 年前的"菘泽文化"时期。唐、宋时期，创作题材和技艺有突破性的进展；五代时期，题材捕捉走向广泛，成为宗教活动用品。元、明时期，青田石雕已具较高的圆雕技艺水平。至清代，青田石雕吸收"巧玉石"制作工艺，开创了中国石雕"多层次镂雕"的技艺先河[1]。

"青田石雕"于 2002 年成功注册为原产地证明商标，青田县也因此而被文化部、中国轻工业联合会命名为"中国民间艺术之乡"和"中国石雕之乡"；2006 年成为国家级非物质文化遗产之一。目前优质叶腊石历经千余年的开采，资源已近枯竭，同时青田石雕手工作坊规模逐渐缩小，传统技艺面临失传的危险，亟待抢救和保护[2]。为了拯救传统技艺，2018

---

[1] 陈墨：《传统中的新宠——青田石雕（一）》，《文艺生活（艺术中国）》2018 年第 1 期，第 127—132 页。

[2] 中国非物质文化遗产网：《国家级非物质文化遗产代表性项目名录：青田石雕》，http://www.ihchina.cn/project_details/14010/。

年青田石雕入选文化和旅游部、工业和信息化部制定的第一批国家传统工艺振兴目录。

青田石雕是一代代石艺人和欣赏者们共同创造的民族优秀文化，是有生命、有灵魂的艺术。在功能审美化的趋势中，一些审美倾向原来较强，或其功利性侧重精神意愿而非物质功能的原生形态，其价值转型显得更为自然流畅，也更为现代人所钟情。青田石雕的丰富内容和理论指导价值，正是传统工艺文化的精华所在，对于 21 世纪具有中国特色的物质文化建设具有重大的意义。[①]

（二）古堰画乡

古堰画乡位于浙江省丽水市莲都区碧湖镇和大港头镇境内，是国家 4A 级旅游景区、国家水利风景区、世界首批灌溉工程遗产和联合国教科文遗产所在地，包括古堰和画乡两块，以瓯江相连。"古堰"首先表明了深厚的历史文化底蕴，有建于 505 年的通济堰为国家重点文物保护单位，是浙江省最古老的大型水利工程程、中国古代五大水利灌溉工程之一，也是迄今为止所知世界上最早的拱坝，至今还有水利调节功能；还有修建于宋代的世界最早的水上立交桥——石函，体现了古人的智慧。古堰区域有古街古亭古埠头、青瓷古窑址、大大小小的古村落和古樟树群，是自然风光与历史文化的融合。画乡则突出了人文色彩和艺术气息，有省内外著名的"丽水巴比松画派"，是巴比松油画的发祥地，有丽水巴比松陈列馆、丽水油画院、古堰画乡展览馆、古堰画乡分校等，以及专业美术写生创作基地。古堰画乡成为了"中国摄影之乡"和中国书法家协会的主要创作基地。

为了保持古堰画乡的原生态，丽水市在 2015 年拆除违章建筑，整治小企业，清理违法用地，为小镇发展拓展空间，同时致力保护水环境，92.8% 断面的水质常年保持国家 II 类水标准，拥有浙江省保存最完整的生态河川景观，沿江两岸滩、屿、岛、林等自然资源与堰、港、坝、村等人文资源相互映衬。为了提升整体品质，政府通过制定规划和政策措施，大力吸引投资，提高建设和运营管理水平；为了发扬和扩大古堰画乡的文

[①] 《美术大观》编辑部编：《中国美术教育学术论丛（造型艺术卷12）》，辽宁美术出版社 2016 年版。

化,丽水市大力推进产业融合,充分利用"旅游+",推动油画产业的升值和发展,带动特色旅游农产品的升级,促进农旅融合。优美的环境和传统文化吸引全国近 300 家高等院校在此建立艺术教育实践基地,提高了古堰画乡的知名度;结合"古堰""画乡"等特色品牌举办各种文化活动,带动文化艺术的发展。古堰画乡的发展不仅成为丽水市的一道风景,也改善了当地的公共基础设施,提高了原居民的收入。

(三)畲乡美丽之花盛开[①]

景宁县作为华东地区唯一的少数民族自治县,也是全国唯一的畲族自治县,为了发扬畲族文化传统,改变景宁的环境和改善居民生活,景宁县东坑镇以两山理念为指导,以打造"爱情小镇"为目标,根据村落的特色和差异,为每一村寻找一个主题、一个产业和一个创客,把传统的工业小镇打造成了美丽的畲乡村居,成为少数民族地区乡村振兴样板小镇。

首先,改造环境,关闭污染企业。根据每个村的主题,全面绿化美化,打造廊桥文化带等景观节点,东坑镇成为丽水市美丽乡村最集聚的区域之一。

其次,根据主题建设村落。根据各村的人文、产业、习俗等资源禀赋和特色优势,东坑镇 18 个行政村均拥有自己的"主题定位",如"多肉石寨"深垟村、"廊桥驿梦"东坑村、"花海耕织"白鹤村等 18 个村落通过省最美公路示范线、乡村精品线等串珠成链,形成互溢客源的有机群落。

再次,根据畲族特色和资源禀赋培育"一村一产业"。与每个村的主题相结合,大力发展当地特色产业,如深垟多肉、白鹤咸菜、马坑白茶等,并以第一产业为基础,推进农旅、花旅、文旅等多元融合,开展咸菜宴、多肉庭院等特色平台建设,推出"畲族婚嫁""畲家喜宴""暮浴山水""太布娘"等一批旅游特色产品,促进美丽经济的个性发展、互补发展。

最后,大力培养乡村匠人。根据当地特色,发挥个人特长,举办乡村匠人大赛,挖掘培育乡村美化师、花艺师、药膳师、咸菜师等"乡村匠

[①] 此部分资料来自《五、景宁东坑:三美融合的畲乡小花园》,选自《生态产品价值实现机制丽水实践典型案例集(二)》,丽水市人民政府,2019 年 5 月。

人"，为"美丽事业"注入智慧，让"美丽事业"长久发展下去。

景宁县东坑镇依托当地资源和特色，大力发展特色经济，把美丽环境变为美丽经济，成为"两山"理论实践的样板。

四 乡村生态经济试点：景宁大均乡案例

大均乡位于丽水市景宁畲族自治县西南，乡域面积 86 平方千米，辖 9 个行政村 60 个自然村，户籍人口 4479 人（其中非农 130 人），全乡畲族人口占总人口的 35.4%，乡内有李宝、三格、泉坑、伏叶 4 个民族村，畲族人口比例分别达到 98%、80%、56% 和 50%。大均乡作为典型的欠发达山区乡，在加快推进农村现代化建设过程中，摸索出了依托绿水青山打赢脱贫攻坚战的实际经验。

（一）生态价值实现——"乡级 GEP 核算试点"

为提升农村生态保护和绿色发展质量，深入贯彻"两山"理念，2019 年 8 月 13 日，由丽水市发改委牵头，大均乡、中国（丽水）两山学院、景宁县发改局、智慧监控公司等单位共同参与，在大均乡启动了丽水市首个乡级 GEP 核算试点工作。通过深入开展 GEP 核算试点工作，大均乡实现了一手抓生态保护，一手抓绿色产业发展，创新推动绿水青山向金山银山转化，努力实现 GEP 和 GDP 的协同增长，并将以此为基础，创建了丽水市首个生态产品价值实现机制示范乡镇。

同时，为加强 GEP 核算结果运用，大均乡还同时启动全市首个生态信用村评定试点，通过空气状况、森林资源保护、水生态保护、农田生态保护、村庄环境治理、生态经营生态文化等方面评定内容，成功评定的村庄将享受农村金融、财政补助、科技指导、医保补助、养老指标、就学安排指标、就业培训等优惠政策。

2019 年年底，大均乡发布了全国第一份乡镇 GEP 核算报告，根据核算结果，2018 年大均乡 GEP 为 17.88 亿元，其中调节服务价值为 16.81 亿元，占大均乡 GEP 的 94.05%；文化服务价值为 0.68 亿元，占大均乡 GEP 的 3.81%；物质产品价值为 0.38 亿元，占大均乡 GEP 的 2.14%。核算结果表明，"十三五"期间，大均乡 GEP 稳步提升，GDP 与 GEP 实现了双增长，实现了生态环境保护与经济社会发展协同并进。景宁县还设立了全国首个生态产品价值实现专项资金，并向大均乡发放了首笔 188 万元生态增量奖励基金。

(二)生态金融——"生态贷""两山贷"

2020年年初，丽水市政府与中国人民银行丽水市中心支行联合建立"生态贷"，作为打当地生态价值融资体系的典型。2020年1月19日，丽水市景宁县大均两山生态发展公司从景宁农商银行获得首笔"生态贷"授信5亿元，并现场接受了首笔"生态贷"50万元，用于开展生态项目建设。在中国人民银行丽水市中心支行的指导下，景宁农商银行还在大均乡的村一级开展了向农户提供的生态信用类贷款试点。

2020年5月15日，在大均乡举行丽水市首个两山转化金融服务站揭牌暨首批生态信用农户贷款发放仪式，在首批生态信用农户贷款发放仪式上，景宁农商银行、邮储银行、银座村镇银行分别与11位生态信用农户签约，并发放120万元"两山贷"。

(三)生态产业

2019年12月24日，大均乡注册成立景宁大均两山生态发展有限公司，公司注册资本100万元（县国资公司注资55万元，大均乡5个行政村各注资9万元），是一家以生态环境保护和修复，农业技术推广、技术咨询，旅游资源开发、旅游设施经营和配套服务为主业的乡镇企业。该公司受大均乡委托，负责全乡范围内的生态环境保护和提升、大均乡智慧生态环保大数据平台管理、水域救援科教馆运营维护等工作。公司下设大均乡两山发展服务中心，协助乡政府开展村级和个人生态信用评定，以及指导农户获取"生态贷"；与中国（丽水）两山学院合作开展技术咨询和培训，带动村集体和农户发展生态产业。大均两山生态发展有限公司运营绿道观光车，串联大均泉坑伏叶旅游环线，助力村民增收，带动沿线农家乐民宿的收入。

(1) 生态绿道经营

大均两山生态发展有限公司运营绿道观光车，串联大均泉坑伏叶旅游环线，助力村民增收，带动沿线农家乐民宿的收入。该公司投资的生态户外拓展基地项目、生态花卉和水果基地项目已开工建设，下一步将依托当地良好的生态环境带来更多收入。

第四章 生态型城市的调研报告 / 59

图4—7 大均乡生态绿道经营项目

资料来源：大均两山生态发展有限公司提供。

（2）生态户外拓展基地

图4—8 大均乡生态户外拓展基地项目效果图

资料来源：大均两山生态发展有限公司提供。

(3) 生态花卉、水果基地

图 4—9　大均乡生态花卉、水果基地项目效果图
资料来源：大均两山生态发展有限公司提供。

(4) 民宿生态价

位于大均乡伏叶村的生态民宿——宿叶，2016 年正式营业，是一家

图 4—10　大均乡伏叶村生态民宿
资料来源：调研组拍摄于 2020 年 6 月 3 日。

集住宿、餐饮、旅游、休闲、避暑、度假于一体的"丽水山居"精品民宿，是全国首家植入生态产品价值理念的精品民宿，也是首家推出生态房价的民宿。除了考虑房型、服务质量、配套设施等传统因素外，宿叶的房间定价还创新性地将清新空气、美好环境等优质生态产品纳入定价范围。宿叶生态民宿不仅卖优质服务，更是卖"空气"、卖"美景"、卖"环境"，"好生态"带来"好业态"，实现了绿水青山就是金山银山。

（5）中草药基地

大均乡自20世纪90年代开始种植中药材，包括金银花、杜仲、厚朴、玄参、茯苓和元胡、太子参等传统药材，最近几年引进浙贝、玉竹、白术、元胡、芍药、天麻、桔梗等草本中药材。目前全乡中药材种植总面积达3500亩，年产值达850万元，其中木本中药材（厚朴）达2500亩，草本中药材为1000亩。近几年，大均乡坚持走产业现代化、精品化发展，大力推进中药材标准化生产、专业化加工、品牌化经营，畲寨金银花已通过QS生产许可认证（由畲寨金银花专业合作社生产加工）。

图4—11 大均乡中草药基地

资料来源：调研组拍摄于2020年6月3日。

（四）智慧生态试点——"智慧生态治理平台""5G乡镇"

大均两山生态发展有限公司与铁塔公司和浙江浩腾科技有限公司合

作，加快推进大均乡智慧生态治理平台建设，签约丽水市首个智慧生态监控项目，一手抓生态保护和修复，一手抓生态价值转化。通过对生态环境的监测监控，运用物联网、云计算、大数据、人工智能等技术，实现对空气、水、土壤等环境治理状况的实时监测和精准分析、环境污染的追踪预警、发展趋势的研判；对旅游人数、停车数量、民宿入住情况进行实时采集汇总；根据采集的数据，应用大数据分析手段，开展生态产品价值核算、生态信用评定等工作。

2020年1月19日，大均乡开通5G，成为丽水市首个步入5G时代的乡镇，应用于智慧生态监控、智慧旅游、精准农业、乡村治理等项目，开发5G畲族特色表演直播、VR虚拟畲族服饰体验、VR虚拟畲族村寨等智慧旅游体验项目，借助科技的力量助推生态产品价值转化。

图4—12 大均乡"智慧生态治理平台"界面

资料来源：调研组拍摄于2020年6月3日。

第四节 丽水市探索"两山"理念的启示

"两山"理念深刻阐释了经济发展和环境保护的辩证统一关系，反映了发展经济和保护生态的历史阶段性特征，阐述了经济、生态协调推进的重大意义。丽水市依托当地资源，大力发展现代农业园区，发展循环农业，创造了覆盖全区域、全品类、全产业链的生态农业"丽水山耕"区域公用品牌，为保证农产品的质量，还建立了对公众免费开放的农产品安全快速检测室。在工业方面，积极淘汰落后产能，利用生态资源优势，大力培育生态工业，并不断完善以生态工业负面清单制度为核心的产业政策。在服务业方面，坚持全域旅游发展，大力建设农业景观带、休闲观光农业区（点），把生态农业发展和旅游结合起来，促进农旅融合发展；通过打造"丽水山居"等品牌，使"废屋"变"金居"，从而使得生态旅游成为服务业增长新动能。"创新+实干"使丽水的"绿水青山"成为"金山银山"，并为其他城市的生态工业发展打造了"丽水样板"。从丽水市"两山"理念的实践中可以得到以下几点启示。

首先，要深化绿色发展理念，建立健全与生态指标挂钩的考核体制机制。2013年，浙江省取消了对丽水市的GDP和工业总产值两项考核指标，考核导向转变为注重发展质量、生态环境和民生改善。坚持经济生态化、生态经济化，才能形成更多因地制宜、特色鲜明的"生态样本"。另外，丽水市政府在各项发展中积极发挥引导作用。从各产业发展到拯救老屋再到传统文化的保护，政府指导下编制了各项发展规划等，没有政府的指导就没有丽水市的迅速发展和"两山"理念实践的成功经验。因此，处理好"两山"理念关系，应将责任落实到党政"一把手"身上，形成"两山"理念实践的制度性安排和规范性准则。

其次，要以"护绿"为本，坚持在发展中保护，保护中发展，构建自然秀美的生态环境体系。丽水市被称为浙西南的生态屏障，在经济发展过程中，实施了最顶格的生态标准、最严格的生态管理，不遗余力地保护其生态环境，才有了"绿水青山"的资本。具体来讲，各地区应结合本地的具体情况，加强生态保护，严守生态红线。保护生物多样性，增强生态产品生产能力。维护清洁健康的空气环境，严格水功能区监督管理，系统保护饮用水水源地，强化地下水资源保护和管理。加强土壤污染源头综合整治，加强被污染地块治理修复。

再次，培育和发展"生态+"产业，形成三次产业融合发展的产业链和产业群。建设农产品完整产业链条，依托现代化信息手段，改变传统单一的农产品销售方式，重点突破网络零售，加强基础设施建设，以流通渠道建设为突破口，推动当地生态产品发展。利用产业园区平台，推动产业集群化发展，以生态资源为依托，以生态项目为具体抓手，打造当地特色农产品品牌，一二三产联动，推动当地的生态资源向经济资源转化。

最后，要构建系统完整的制度创新体系，建立健全资源环境治理制度，探索生态补偿、水权交易、排污权交易等市场化机制。丽水市政府积极推进制度创新，农村产权改革盘活了沉睡资产，充分利用现有资源为居民谋福利，为农村发展提供了保障，在保护生态资源的同时，最大限度地发挥生态红利。因此，各地区应结合自身情况完善资源环境保护和治理制度。实施基础资源的使用效率和消费总量的"双控"制度，严格执行生态红线管理。完善经济政策、产业政策和市场化机制，推行主要污染物排放权有偿使用，探索开展林业碳汇、节能量、水权等交易，建立反映市场供求和资源稀缺程度的环境资源市场。

第五章

制造业之都的调研报告
——安徽省芜湖市

芜湖古称鸠兹，有文字记载的历史已有2500多年，公元前109年置县，始称"芜湖"。古代芜湖得两江交会、舟楫之利，农业、手工业、商业比较发达，如宋代的冶炼业非常发达，明代时印染行业是当时的全国中心，1876年《中英烟台条约》被辟为对外通商口岸。近代长江中下游地区中，芜湖市是工商业的发祥地和全国四大米市之一，享有"长江巨埠、皖之中坚"的美誉。改革开放以来，芜湖市凭借自身的产业优势和独特区位，经济社会发展取得了巨大成就，经济总量居安徽省第二位。现已成为国家长三角城市群发展规划的一大城市，合芜蚌国家自主创新示范区、皖南国际文化旅游示范区、皖江城市带承接产业转移示范区、G60科创走廊的重要成员。

近几年来，芜湖市荣获全国文明城市、国土资源节约集约模范市、双拥模范城、创新型试点城市、信息消费示范城市、电子商务示范城市、园林城市、质量魅力城市、水生态文明城市、雕塑之城、数字经济百强城市等称号，四次荣获"中国人居环境范例奖"，入选"中国改革开放40周年发展最成功的40座城市"，具有"长江明珠，创新之城"的美称。这也是被中国社会科学院数量经济与技术经济研究所国情调研组选为制造业城市典型案例的原因所在。2019年12月4—8日，调研组赴安徽省芜湖市调研，以集中座谈和实地调研等方式，对芜湖市经济与环境保护、创新发展等方面进行考察。此次调研是为了深入了解芜湖市在低碳绿色经济转型中的相关经验，为实现中国经济高质量绿色发展提供参考。

第一节 芜湖市经济发展现状

芜湖市现辖四县四区，全市人口385万人，面积6026平方千米，其中，市区人口146万人、面积1491平方千米。"十二五"期间，全市地区生产总值年均增长12.5%，增速居全省第一；人均地区生产总值突破1万美元；累计完成固定资产投资超过1万亿元；财政收入翻了一番多。先后获批建设国家创新型城市，成为全国文明城市、国家森林城市、水生态文明城市、数字经济百强城市，入选中国社会科学院评选的改革开放40周年发展最成功的40座城市。

一 全市生产总值持续增加，经济发展迅速

从2010年到2018年，全市生产总值由1341.1亿元增长到3278.5亿元（如图5—1所示），在安徽省内排名第二，仅次于省会城市合肥。从生产总值名义增长速度看，2015年之前呈下降趋势，2015年以后趋于平稳，说明随着经济新常态的到来，芜湖市进入调整结构、转型升级阶段。

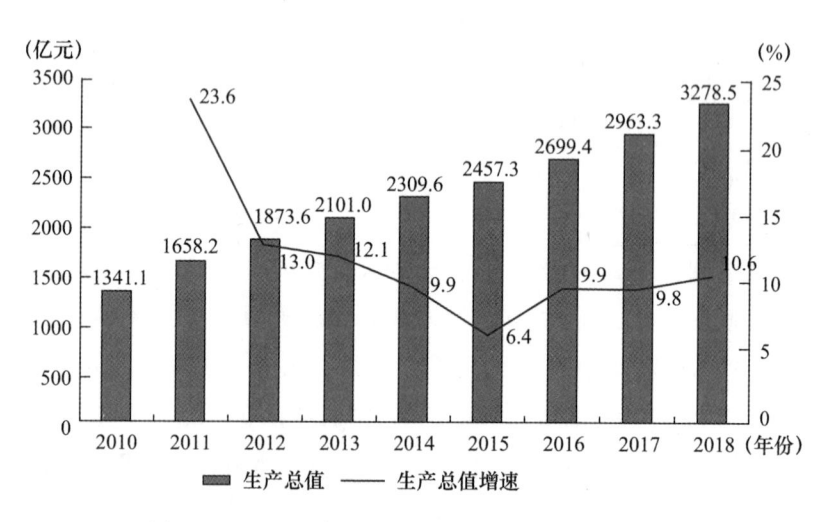

图5—1 2010—2018年芜湖市生产总值及名义增速

资料来源：芜湖市统计年鉴和政府网站信息。

二 战略性新兴产业快速发展,固定资产投资增长迅速

芜湖市聚焦培育战略性新兴产业,2018年战略性新兴产业增加值增长11.8%。目前,该市已形成2个国家级基地、4个省级基地、13个省级重大工程和专项的战略新兴产业发展格局,会聚规模以上企业近500家,占工业总产值近40%。2010—2018年,芜湖市固定资产投资绝对数增长迅速,实际增长率呈下降态势(如图5—2所示)。2010年的固定资产投资只有1047亿元,2018年达到3666亿元。随着经济进入新常态,芜湖市的投资进入平稳状态。

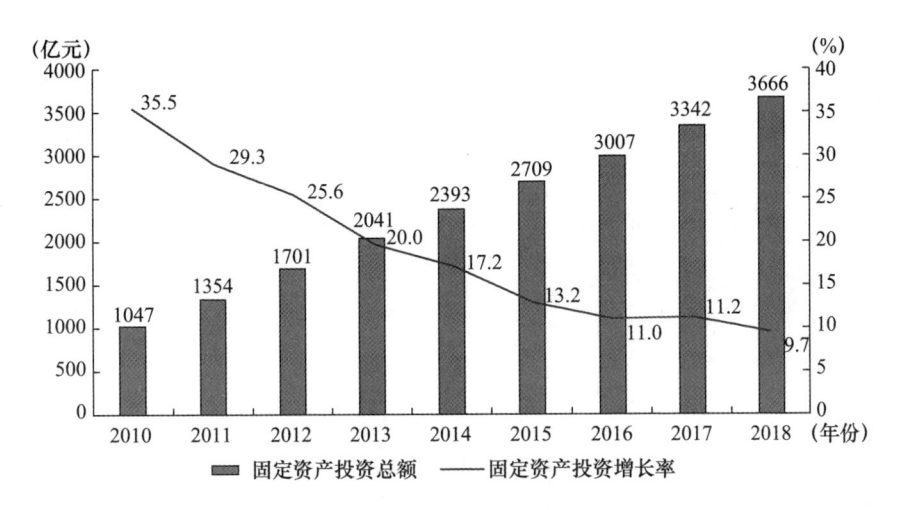

图5—2 2010—2018年芜湖市固定资产投资总额及增长率

资料来源:芜湖市统计年鉴和政府网站信息。

三 第三产业发展迅速,产业结构不断优化

从三次产业增加值看(如图5—3所示),2010年到2018年,芜湖市第二产业增加值从851.3亿元增长到1710.6亿元,年均名义增长12.3%,其中工业增加值从761.0亿元增长到1539.4亿元,年均名义增长12.6%;第一产业增加值从91.0亿元增长到133.0亿元,年均名义增长14.9%;第三产业增加值从398.9亿元增长到1435亿元,年均名义增长20.0%。从三次产业的增长率看,第三产业增长速度超过第一、第二产业,成为带动经济发展的主要动力。

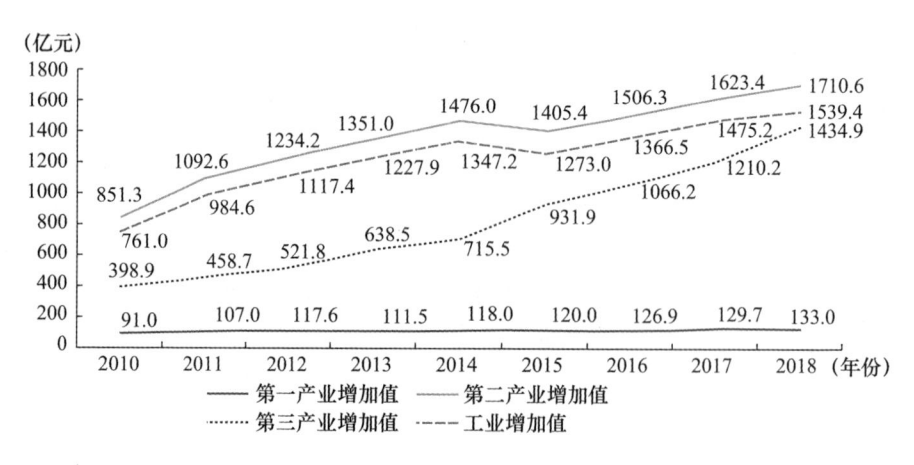

图 5—3　2010—2018 年芜湖市三次产业增加值

资料来源：芜湖市统计年鉴和政府网站信息。

从三次产业增加值所占比重看（如图 5—4 所示），自 2012 年起，第一产业、第二产业比重下降，第三产业比重不断上升，三次产业结构持续优化。2012 年三次产业增加值比例是 6.3∶65.9∶27.7，2018 年是 4.0∶52.2∶43.8，说明芜湖市第三产业发展迅速。

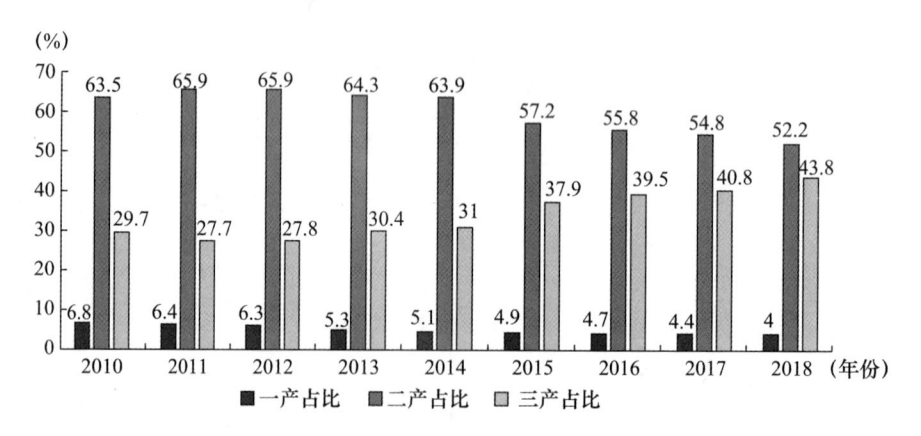

图 5—4　2010—2018 年芜湖市三次产业增加值比重

资料来源：芜湖市统计年鉴和政府网站信息。

四　财政收入与支出均有大幅度提高

从 2010 年到 2018 年，芜湖市财政收入从 219.2 亿元增加到 603.1 亿元（如图5—5所示），年平均增长率为18.5%；财政支出从171.4亿元增加到457.0亿元，年平均增长率为18.1%。另外，自国家减税降费政策实施以来，芜湖市认真落实，全市累计减税降费61亿元。

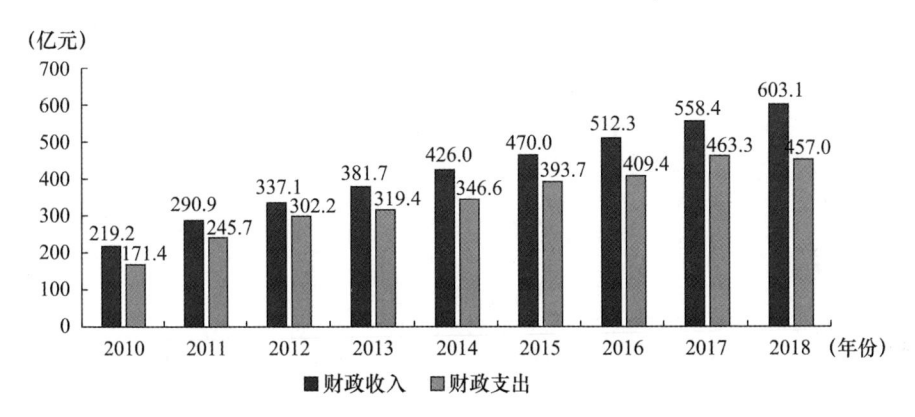

图5—5　2010—2018年芜湖市财政收入与财政支出

资料来源：芜湖市统计年鉴和政府网站信息。

五　国内贸易与旅游发展形势良好

社会消费品零售总额的提高在一定程度上可以反映居民收入水平的提高。2010年社会消费品零售总额是287.4亿元（如图5—6所示），2018年达到1028.3亿元，居民收入水平大幅提高。

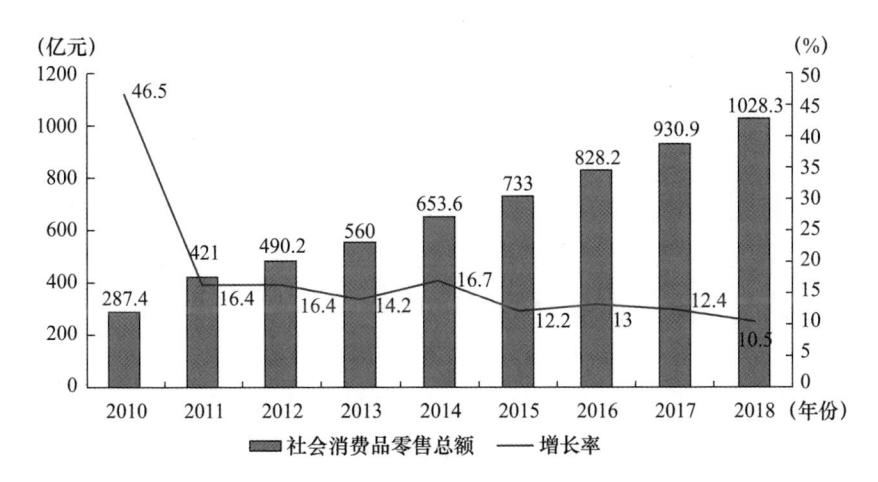

图5—6　2010—2018年芜湖市社会消费品零售总额及增长率

资料来源：芜湖市统计年鉴和政府网站信息。

芜湖市旅游资源丰富，有国家5A级景区方特旅游区、新华联鸠兹古镇、大白鲸海洋公园等，芜湖古城、松鼠小镇也正在加快建设中。2018年该市旅游收入达到728.01亿元（如图5—7所示），是2010年的9.6倍，旅游业也逐渐成为芜湖市的支柱产业。

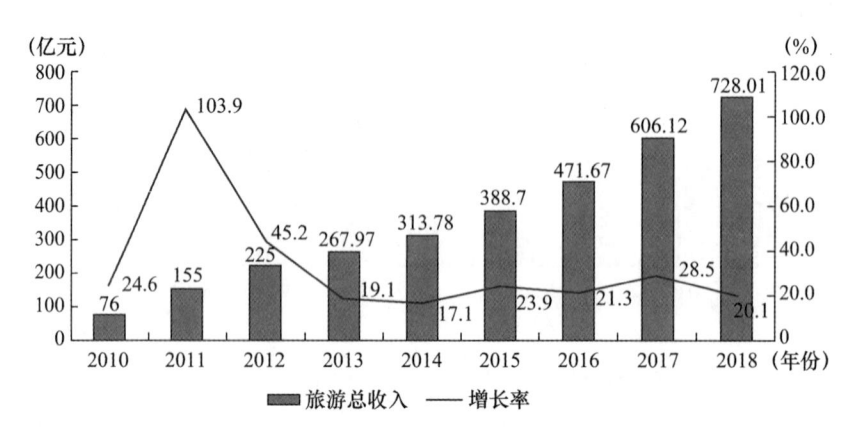

图5—7 2010—2018年芜湖市旅游总收入及增长率

资料来源：芜湖市统计年鉴和政府网站信息。

第二节 芜湖市区位发展情况

一 与安徽省内其他城市对比

安徽省共有16个省辖市（地级市），其中，芜湖市位于中南部，北与合肥市、马鞍山市毗邻，南与宣城市、池州市接壤，东与马鞍山市、宣城市相连，西与铜陵市交界。如图5—8所示，2018年芜湖市生产总值3279亿元，仅次于省会合肥市，位居全省第二。但是，从总量上看，其与合肥市仍存在较大差距，2018年合肥市生产总值7823亿元，相当于芜湖市两倍之多。

但从人口总量上看，2018年芜湖市常住人口为374.8万人，合肥市常住人口为808.7万人，仍相当于芜湖市的两倍之多，因此两市的人均生产总值相差不大。另外，2018年安徽省人均生产总值为47712元，芜湖市人均生产总值为88085元，远高于安徽省平均水平。因此可以看出，在安徽省

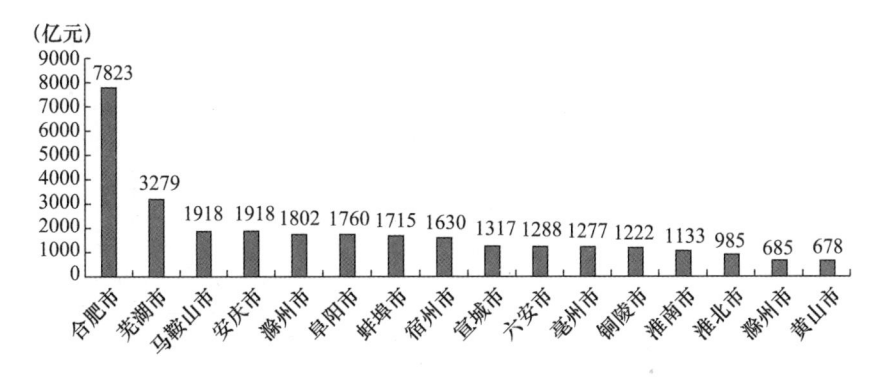

图 5—8　2018 年安徽省各市生产总值

资料来源：安徽省统计年鉴。

内，与其他地级市相比，芜湖市经济发展处于较高水平（图 5—9）。

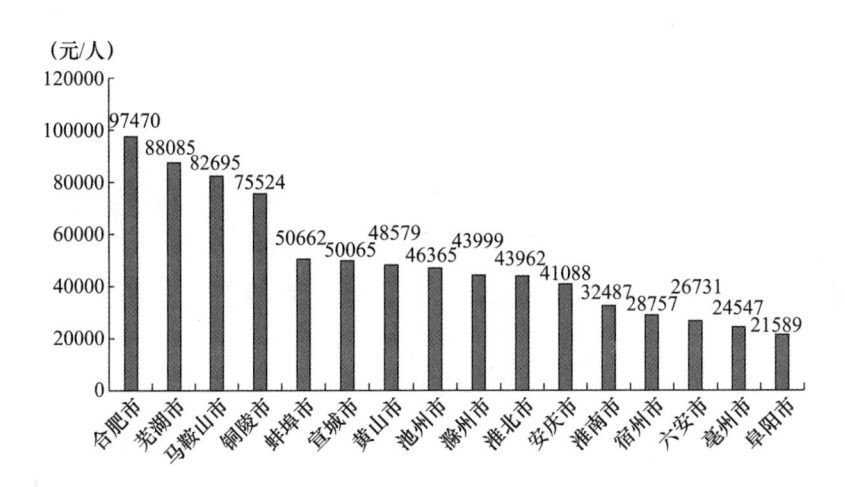

图 5—9　2018 年安徽省各市人均 GDP

资料来源：安徽省统计年鉴。

二　与长三角（非安徽省）城市相比

2008 年年初，安徽省提出"东向发展，融入长三角"的发展战略。2010 年 1 月，国务院正式批复《皖江城市带承接产业转移示范区规划》，将安徽省沿江城市带承接产业转移示范区建设纳入国家发展战略。2013 年 4 月，长三角城市经济协调会第十三次市长联席会议召开，正式吸收芜湖市、淮南市、滁州市为"长三角城市经济协调会成员"。2014 年，在

《国务院关于依托黄金水道推动长江经济带发展的指导意见》中,首次明确安徽的城市是长江三角洲城市群的一部分,融入长三角一体化发展。2016年6月,经国务院同意,国家发展改革委、住房城乡建设部印发《长江三角洲城市群发展规划》,芜湖市被正式纳入规划,与宁波市、无锡市等发达城市并列,被确定为Ⅱ型大城市。

作为安徽省次中心城市、皖江城市带承接产业转移示范区核心城市,芜湖市把握机遇,置于长三角城市群的大局中去谋划、思考和定位本市发展,努力在思想观念、体制机制上与沪浙苏实现等高对接,提升芜湖市在长江经济带建设中的辐射带动功能,推进与南京市、马鞍山市、合肥市等周边城市的协同发展,融入长三角城市群一体化发展(孟天琦,2019)。积极贯彻落实《长三角地区一体化发展三年行动计划(2018—2020年)》《长江三角洲城市群发展规划》,签署《共建共享G60科创走廊战略合作协议》,正式加入G60科创走廊。芜湖市通过实际行动积极融入长三角区域研发联盟,2018年4月正式获批全国创新示范城市(吴雪萍等,2019)。

芜湖市经济总量在安徽省内位居第2位,尽管与长三角其他发达城市的差距在缩小,但是总量上的差距还是比较明显的(见图5—10)。2018年芜湖市实现国内生产总值为2963.3亿元,在26个长三角城市(不含安

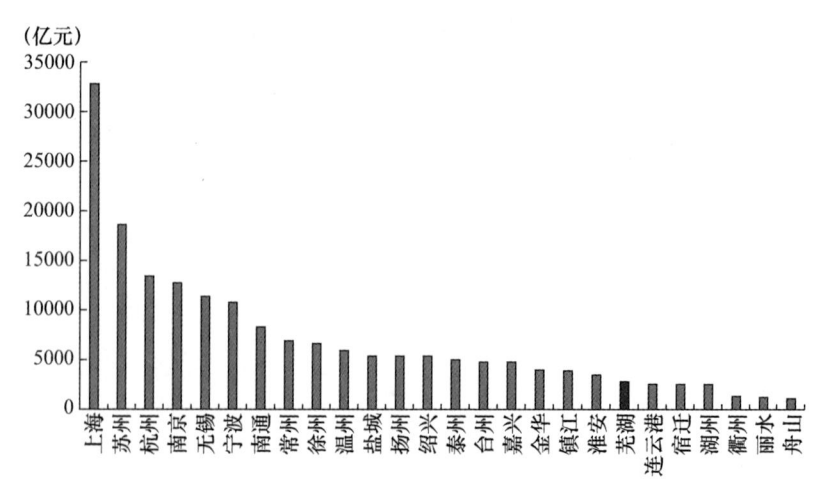

图5—10 2018年芜湖与长三角(非安徽)城市生产总值

资料来源:中国统计年鉴(2019)。

徽省其他 15 个城市）中排名第 20 位。排在芜湖市后面的连云港市、宿迁市、湖州市，2018 年的生产总值分别为 2771.7 亿元、2750.72 亿元、2719.07 亿元，与芜湖市实际相差无几。排在芜湖市前面的金华市、镇江市、淮安市，2018 年生产总值分别为 4100.23 亿元、4050 亿元、3601.25 亿元，差距在千亿元。由此可见，芜湖市的经济总量规模不够大，与长三角地区其他城市仍存在较大差距。

但是，芜湖市的发展潜力巨大。中国城市规划设计研究院上海分院对长三角地区城市创新力进行了研究，并给出了 2019 长三角城市创新力排行榜 TOP30（如图 5—11 所示）。该研究指出，宁波市、常州市、芜湖市、无锡市、南通市等城市开始形成各自的长板优势，在区域创新网络中的坐标不断清晰。在长三角更高质量一体化国家战略下，长三角进入区域创新共同体建设阶段，每座成员城市都应在区域网络中找准自己的坐标。目前芜湖市正大力发展机器人、智能装备、新能源汽车、新材料、大数据及产业互联网等高新技术产业，这些产业也是长三角区域的重点发展领域。未来芜湖市应进一步加大这些领域的创新研发投入，为共同打造长三角世界级城市群献策献力。

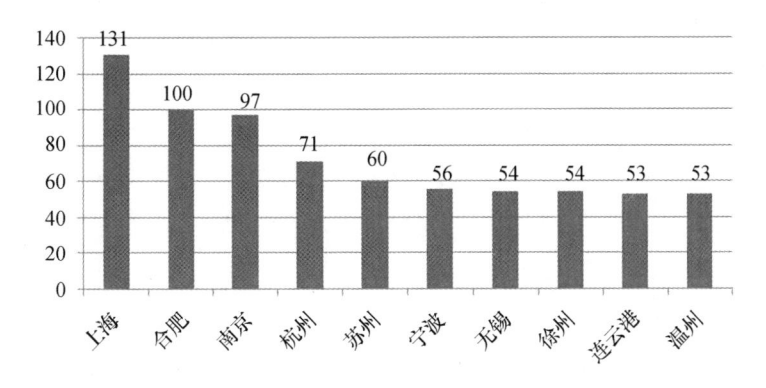

图 5—11　2019 年长三角城市实力创新指数前 10 名城市

资料来源：中国城市规划设计研究院上海分院：《2019 长三角城市创新力排行榜》，2019https：//www.shcaupd.cn/。

第三节　芜湖市发展绿色经济的主要做法及效果

一　持续优化就业环境，进一步拓展多元就业渠道

芜湖市实施积极的就业政策，加大就业帮扶力度，不断提高就业数量与质量。2018年芜湖市城镇新增就业9.2万人，发放稳定就业岗位补贴5893万元，计划2019年全年城镇新增就业人数7万人，城镇登记失业率控制在4.5%以内。2019年3月以来，芜湖市针对就业创业、创新驱动出台了大量新举措，不断完善就业援助制度，扎实做好就业托底工作，推动以高校毕业生、农民工等为重点的各类就业群体，帮助企业开展新录用人员岗前技能培训；以众创空间建设为抓手，吸引青年返乡创业，入驻艺创企业60多家，就业创业人口5000人；积极发挥芜湖市艺术院校2万余名艺术人才资源优势，发展壮大文化创意产业，以艺术教育为先导，常年培训艺术类高考学生4000名。

此外，芜湖市以打赢脱贫攻坚战为契机，市县两级帮扶单位赴定点帮扶村开展帮扶工作共计3.3万人次，直接投入7000余万元，帮助引入各类资金8000余万元，举办各类培训班489期，帮助贫困户实现劳务就业4035人次，实现劳务收入3943万元。共建设21个扶贫驿站、23个扶贫车间，累计开发辅助性就业岗位1092个，实现就业人数4590人。南陵县烟墩镇霭里田园综合体举办的"农民丰收节"每年吸引游客超过10万人次，村内现有家庭农场、合作社等创业主体36家，主要从事特色种植、加工、销售与休闲观光旅游融合发展，带动就业450人，每年旅游收入达1800万元。

二　创新金融科技企业征信，解决中小企业融资难问题

深化金融供给侧结构性改革，防范金融风险，支持实体经济发展。

一是建立风险补偿机制，防范金融风险。风险补偿资金由市级财政安排，实时拨付（目前规模2亿元），明确各参与方贷款损失承担比例（其中，征信机构承担5%，合作银行承担20%），其余由担保主体所在的市级或县区风险补偿资金予以承担。

二是以市场需求为导向，增强金融服务实体经济能力。芜湖市于

2019年9月出台《关于进一步深化中小企业信用贷试点改革的实施意见》，大力开展芜湖市信息化建设，打造"智慧城市"，择优引进大数据征信机构，采取线下和"线上云服务"一体化金融服务模式，主动为中小企业进行信用风险评估及信用评级，以支撑银行快速审贷放贷，促进实体经济发展，企业在线最高可获得2000万元的信用贷款。芜湖市已被财政部列入财政支持深化民营和小微企业金融服务综合改革试点城市。截至2019年11月底，芜湖市已累计为540家中小企业提供信用贷款27.3亿元。

三 防范化解贸易风险，稳定贸易和外资利用

芜湖市在防范化解中美经贸摩擦重大风险工作上做出了重要部署，制订芜湖市防范化解中美经贸摩擦重大风险专项工作方案，深入企业开展调研，积极帮助企业做好应对准备，引导企业开拓新的国际替代市场。此外，通过持续优化口岸通关环境，开展口岸集装箱进出口环节收费项目清理，促进跨境贸易便利化，推动芜湖港成为安徽省国际集装箱枢纽港建设，形成口岸发展新格局。

2019年1—9月芜湖市进出口与外资利用数据表现抢眼，进出口形势良好，实现进出口总值543407.06万美元，同比增长4.28%，高于全国（-2.4%）平均增幅6.68个百分点。其中，出口值350182.10万美元，同比增长2.41%；进口值193224.96万美元，同比增长7.84%，出口值居全省第二位、进出口总值位居全省第3位。外资利用超额完成，2019年1—9月，芜湖市实际利用外商直接投资23.31亿美元、同比增长0.3%，总量居全省第三位；合同利用外资3.82亿美元、同比增长207.4%；新批准外商投资企业17家、同比下降29.2%。外商投资产业结构也不断优化，2019年1—9月，芜湖市新批准17家外商投资企业，17个外资项目主要分布于战略性新兴产业和现代服务业，外资项目引进呈现区域结构和产业结构"双优化"。

四 发挥传统与新兴产业优势，促进固定资产投资稳增长

（一）传统产业升级与战略性新兴产业发展"比翼齐飞"

一方面，芜湖市加快传统产业转型升级步伐，加大工业技改力度。

2019年前三季度，实施亿元以上技改项目76项、总投资242.9亿元。汽车及零部件、材料、电子电器、电线电缆四大支柱产业不断迈向中高端，奇瑞集团销售汽车突破50万辆，海螺集团跻身世界500强。芜湖市加快实施"企业登云"行动，新增登云企业510家，盾安中元自控、苏立科技、禾田汽车等17家企业通过国家两化融合贯标评定，数量全省第一。

另一方面，芜湖市聚焦培育战略性新兴产业，培育壮大机器人产业、新能源汽车、通用航空以及现代农机等战略性新兴产业，战略性新兴产业产值占工业总产值的近40%。具体而言，2019年1—9月机器人产业实现产值102.3亿元，同比增长12.9%，已集聚机器人及智能装备产业企业上百家，建成全国唯一的国家级机器人产业集聚区，汇聚产业链企业120余家，龙头企业埃夫特在6个国家拥有13个子公司，六关节机器人销量保持全国第一。2019年1—9月，新能源汽车产业实现产值254亿元，同比增长4.3%。龙头企业奇瑞新能源2018年纯电动汽车销量位居全国前三，奇瑞商用车2018年新能源汽车销量稳居国内新能源商用车领域第一名，奇瑞新能源汽车产业基地已形成以奇瑞新能源、奇瑞商用车为代表的整车双龙头企业，以天弋锂电、奇瑞安川电机、舟之航电池包等为代表的"三大电"企业，以威迈斯电源、豫新世通电空调、德孚转向等为代表的"六小电"企业，以忠旺铝材、云一湿法隔膜、明基干法隔膜等为代表的新材料企业，以易开、金玺、易同等为代表的运营推广企业集群。通用航空产业，2019年1—9月实现产值102.8亿元，同比增长12.1%。通用航空产业基地通过引进通用飞机、无人机、发动机、螺旋桨、模拟机、复合材料、航空电子、运营服务等航空要素项目40余个，初步构建了较完整的产业链，获批国家首批通用航空产业综合示范区。龙头企业中电科钻石飞机公司完成"安徽造"DA42钻石飞机验证试飞，成为国内首家以国外型号合格证（TC）为基础、取得国家民航局PC证的飞机生产制造企业。卓尔航空与全球第二大螺旋桨公司德国MT合作，产品出口74个国家和地区。芜湖中科飞机制造有限公司TA-20教练机首飞成功，填补安徽省军工整机制造领域空白。航瑞动力"云雀"发动机完成首轮高原试验。现代农机产业，2019年1—9月实现产值97.9亿元，同比增长5.1%，集聚企业100余家，产品出口80多个国家和地区，产品种类位列全国第一，烘干机、小麦收获机等拳头产品销量稳居全国前列。中联重机年内首期增资20亿元用于农机智能化和企业信息化建设。龙头企业中联重机年内首期增资20亿元，提速"AI+农机"战略合作。

（二）固定资产投资稳增长，为稳定经济增长奠定基础

2019年上半年固定资产投资增速回升，投资项目加快推进，发展后劲持续增强。2019年上半年，芜湖市在建项目1925个，其中亿元以上项目861个，亿元以上新开工项目125个。芜湖市固定资产投资同比增长8.6%，比一季度提高3个百分点。分产业看，第一产业投资增长9.8%，第二产业投资增长14.7%，第三产业投资增长3.3%。分行业看，工业投资增长14.7%，房地产开发投资增长0.4%。投资结构进一步优化，工业技术改造投资增长17.5%，战略性新兴产业投资增长25.6%，分别比一季度提高11.3和0.8个百分点。固定资产投资的持续增加延续了2018年的良好基础，2018年，芜湖市在建亿元以上项目894个（非房地产类），完成投资增长达14.6%。省级"大新专"项目619个，完成投资1104亿元，政府性投资项目189个，完成投资99亿元。战略性新兴产业投资表现尤其突出，2018年机器人产业在建25个项目，总投资55.8亿元。新能源汽车在建34个项目，总投资165.7亿元。现代农业机械在建项目25个，总投资42.5亿元。航空在建项目32个，计划总投资126.2亿元。

五 数字化驱动现代服务业，激发新消费内需快速增长

芜湖市社会消费快速增长，2019年前三季度，芜湖市实现社会消费品零售总额836.34亿元，比上年增长11.7%，高于全国全省3.5和0.9个百分点。芜湖市着力发展现代服务业，新零售企业三只松鼠2012年上线，短短六年多时间，销售额从400万元增至2018年的82亿元，成功登陆深圳创业板，成为芜湖第20家上市公司。芜湖市建投公司成功发行全国首只战略性新兴产业专项债券，方特旅游区建成欢乐世界、梦幻王国、水上乐园、东方神画4座主题公园，荣膺国家5A级景区，新华联鸠兹古镇、大白鲸海洋公园建成开业，芜湖古城、松鼠小镇加快建设，方特旅游度假区门票收入居全省第一。启动建设非结构化数据超算中心、长江数字港、软件产业园，云计算中心二期完成扩建，大数据产业园·芜湖数谷揭牌。

此外，芜湖市正大力推动服务外包产业发展，"十二五"期间，芜湖市被评为安徽省服务外包示范城市，被省政府确定为省级服务外包基地城市。2019年，芜湖市新增服务外包企业10家，服务外包企业签订合同金额20亿美元，服务外包企业执行金额15亿美元，与上年基本持平，芜湖市技术进出口合同登记80份，合同金额3.5亿美元。芜湖县成为安徽省首个阿里电商全国百强县，长江智慧港、繁昌电商园、新芜电商园3个园区成功获批安徽省电子商务示范园区，三只松鼠、凡臣电子被评为国家电商示范企业，乐游网络、凡臣电子、吾悦食品、蝶爱4家企业被评为安徽省电子商务示范企业。

六 积极融入长三角一体化，推动长江经济带绿色发展

长三角一体化发展进入新阶段，芜湖市围绕打造创新驱动新引擎、江海联运新枢纽、文化旅游新热点、生态宜居新空间、内陆开放新高地，扎实推进区域发展、协同创新、产业发展等"九个一体化"，制定出台了《推动长三角地区更高质量一体化发展芜湖工作要点》《芜湖市实施长江三角洲区域一体化发展规划纲要和安徽省行动计划方案》。依托长江黄金水道，统筹公路、铁路、航空和港航建设，贯通、扩容沿江综合交通通道，联通、加密辐射长三角交通通道，实现与上海、南京、杭州、合肥等城市的全面对接；创新驱动产业一体化，牵头召开2019长三角G60科创走廊联席芜湖会议，挂牌"长三角G60科创走廊产业合作示范园区"；推动公共服务一体化，芜湖市与上海市普陀区签订区域教育合作协议，与华师大共建职业教育研究院长三角芜湖分中心，入围长三角区域养老一体化首批试点城市名单，扎实开展长三角和G60科创走廊"一网通办"试点，推进政务数据共享应用，逐步实现公共服务"一地认证、无感换乘、区域通办"；依托《长江三角洲一体化发展规划纲要》，推动芜湖市创建综合性国家产业创新中心。

深入实施长江经济带发展战略，以"共抓大保护、不搞大开发"为战略主基调，深入推进水清岸绿产业优美丽长江（芜湖）经济带高质量发展。在2017年安徽省生态文明年度评价中，芜湖市绿色发展指数排名全省第一。芜湖市出台《关于全面打造水清岸绿产业优美丽长江（芜湖）经济带的实施意见》，持续推动长江岸线保护暨沿江非法码头专项整治工

作。自 2017 年 5 月下旬以来，芜湖市列入长江岸线整治范围的项目包括非法码头、黄砂点、修造船点共计 191 个，其中列入国家长江办和省政府整治名录的非法码头 109 个已全部拆除。通过专项整治，芜湖市长江沿岸共释放岸线 226420 米，其中港口岸线 8050 米，恢复生态岸线（复绿）17312 米。通过"建新绿"大力造林，努力增加长江沿线的森林资源总量，提高森林质量。将长江岸线 1 千米范围内定位为重点生态建设区，岸线 1 千米范围内湿地全面保护，新增湿地公园 1 万亩，宜林地段绿化率达 100%；将长江岸线 5 千米定位为生态环境严管区，岸线 5 千米范围内区域，25 度以上坡耕地一律退耕还林还草，实现植被全覆盖。

七 完善营商环境体系，坚定高质量发展决心信心

改善区域营商环境是提高经济发展信心的外部保障。2019 年芜湖市通过出台《深化"放管服"改革和创优"四最"营商环境工作要点》，积极推进构建"最方便、最挣钱、最安全、最亲清"的"四最营商环境"。认真落实国家减税降费政策，芜湖市完成减税降费 61 亿元，大力支持民营经济发展；降低物流、过路过桥等经营服务性收费，清理电价附加收费，降低制造业用电成本，一般工商业平均电价再降低 10%，出台支持民营经济发展"35 条措施"，39 家企业入选安徽省民营企业三个"百强榜"，居全省第一；持续优化政务服务，打造"慧审批""慧监管""慧办事"的"智慧政务"新模式，2019 年 80% 的个人事项实现全程网办，做到"零原件、不见面"，其中部分事项达到"秒批秒办"。深入推行"网上办、马上办、就近办、一次办"，也就是推行"网上办"，实现"应上尽上、全程在线"；持续推行"马上办"，一般事项"不见面"、复杂事项"一次办"；加强推行"就近办"，完善基层综合便民服务平台功能，将政务服务延伸到乡镇（街道）、城乡社区等。

第四节 芜湖市绿色创新发展存在的困难

随着经济新常态的到来，作为制造业城市，芜湖市产业结构调整进入阵痛期，城市面临着经济发展瓶颈期带来的风险。经济增速放缓后，城市产业结构调整的压力是巨大的和有限制的，作为非省会城市，芜湖市在绿色创新发展方面面临的压力仍较为突出,包括政策制度的滞后、产业结构调整迟缓、生态保护不足等问题(李立行、张敏,2019)。

一 转型升级面临瓶颈

(一)产业结构待优化,技术含量低导致附加值难以提升

一是传统产业比重仍偏高,电线电缆、建筑材料等芜湖市传统工业产业属于劳动密集型产业,产业附加值较低,技术密集型、知识密集型的战略性新兴产业比重过小。二是产品专业化程度不足,缺乏竞争优势,如芜湖市农产品基本为初级加工,亟待发展深加工业。三是高新技术产品的创新能力不强,引进技术不足,而新技术自主研发能力仍待提高,具有核心技术的项目比重较小,技术和知识资源尚未替代廉价劳动力和资金成为经济发展的主动力。以芜湖市农业产业为例,以农产品初级加工为主的企业无论是在企业规模、实力,还是在产品档次上都不具备市场竞争力。与此同时,当地农业产业还存在耕地储备不足的问题,芜湖市可开垦耕地后备资源中56%为内陆滩涂,但实际上滩涂土地并不适合农业耕种。

(二)传统制造业优势弱化,亟须加快转型升级

以奇瑞为代表的汽车及零部件产业进入战略调整期,品牌战略没有得到充分的发展,产业竞争优势不明显,而且由于市场等客观因素,奇瑞发展出现了不同程度的产品布局受挫、公司年度性亏损严重和负债率上升,以及人才流失等问题和现象。以海螺集团、新兴铸管、信义玻璃、华谊化工等为代表的材料产业虽然在技术、规模等方面处于国内行业领先地位,但由于材料行业其自身产业特点,能源消耗水平基数较大,同时大量企业在同一区域相对集聚,排放总量相对偏高,而且基本属于长江岸线整治的重点行业和重点企业,面临着环境保护的硬约束。电子电器产业研发能力以及盈利能力均不足,产品种类相对单一(产品空调占80%以上)、新型智能家电产品种类偏少等,区域性新产品的研发能力和智能化程度没有形成市场的有效需求,企业整体盈利能力不足。电线电缆产业企业规模较小,缺乏核心技术和专业销售团队,低端产品趋于过剩,创新能力严重不足。而且,同业价格竞争形势相当严峻,缺乏带动行业发展的龙头企业。目前,芜湖市电线电缆产业主要集中在无为县,自2016年以来电线电缆企业联保互保贷款模式占比达78%,存在较大金融风险。

二 产业转移力度不足

(一) 基础设施建设滞后,无法有效满足承接产业转移需求

一方面,芜湖市交通基础设施相对滞后,高铁线路少、高速公路建设缓慢、尚无机场,难以满足日益增长的城市经济社会发展需求,也是制约芜湖市产业结构升级的一个重要瓶颈。城市规划中关于城市基础设施的建设还缺乏前瞻性,规划执行力度也不够,特别是自2019年年底无为县撤县设市以来,对芜湖市而言,重大基础设施建设任务更加艰巨。

另一方面,芜湖市城市综合服务水平相较于城市扩张和经济水平提升速度明显滞后,包括公共事业、教育卫生、金融系统、现代物流等方面;而开发区的建设较分散,导致企业进驻也无法集中,难以形成园区聚集效应;土地流转缺口依然很大,很难满足建设大面积工业园区的需要;产业配套能力亟待提升,重点领域改革力度需要加大,以增加龙头产业带动效应和完善市场经济体制,保证顺利承接产业转移。

(二) 长三角区域"层层过滤",弱化地方承接产业转移激励

作为皖江城市带承接产业转移示范区核心城市以及南京都市圈成员,芜湖市在安徽省承接东部地区产业转移中扮演着"桥头堡"的位置,但由于空间地理的毗邻以及南京市、杭州市、上海市等城市的综合优势,一些技术密集型的创新型产业往往会在经过相关城市的时候被"截留"。例如,南京距离芜湖仅110千米左右,对芜湖市承接产业转移的影响作用最大,导致芜湖市更多地承载部分从东部地区转移的劳动密集型或者低端加工产业,难以发挥自身的创新优势,甚至会成为某些污染密集型企业的"污染避难所",以上因素都会更加弱化地方承接相关产业转移的积极性(吴雪萍、胡艳,2019)。

三 人力资源空缺较大

(一) 受周边环境影响,区域要素竞争不具备优势

在东部地区技术优势、西部地区低价劳动力优势的夹击下,芜湖市作为安徽省核心城市的地位并不明显,人才、技术、资本等生产要素都缺乏竞争优势,芜湖市在"十四五"时期面临的挑战不容忽视。就人才资源而言,按照《芜湖市中长期人才发展规划纲要》,仍有将近50%空缺率,与省会城市合肥市相比人才数量相差较远。而细化到产业发展上，芜湖市支柱产业包括汽车及零部件、新材料、电子电器、电线电缆等行业的实用技术性人才紧缺。虽然是安徽省次中心，但芜湖市的产业政策、人才储备以及地理优势都与周边的南京市、合肥市、无锡市等发达城市有较大差距，对战略性新兴产业吸引力明显不足，在软硬环境上的优势匮乏，同样对资本投资缺乏吸引力。

虽然长三角地区市场一体化在不断推进，跨区域要素配置平台建设初见成效，但由于行政壁垒和地方保护主义，仍没有打破"一亩三分地"的思维，生产要素在区内流动不畅，区域要素市场一体化程度仍然较低。以劳动力市场为例，区域间仍存在户籍壁垒和公共服务不均等，尤其是城市基本上已经完全处于市场化状态了，各种生产要素可以自由流动，而农村还处于半市场化状态。劳动力、资金、土地这三大生产要素基本是从农村向城市的单向流动，这在一定程度上导致农民收入水平低，成为阻碍区域一体化发展的主要因素。

（二）长三角一体化加速推进的同时，虹吸效应依旧占主导

从全国视野来看，长三角区域作为世界级的城市集群，在吸引资金、技术以及人才等方面具有不可比拟的巨大吸引力，而从江浙沪皖四省市的区域合作视角来看，安徽省在长三角一体化进程中对外资或者人才的吸引力显著弱于江浙沪等地区（孟天琦，2019），巨大的虹吸效应吸引了全国以及芜湖市地区的科技创新资金和高端人才向上海等地区流动，安徽省外出务工人口中近80%流向沪苏浙，这在一定程度上制约了芜湖市不同层次产业的人才供给，而且不利于本地的就业创造。芜湖市地处合肥市和南京市两大城市之间，在比较优势下生产要素不断向大城市流动，城市发展受二者辐射影响较为严重，工资水平较低导致本地大量劳动力向这些发达城市转移。

四　创新机制亟须突破

（一）高等教育资源分散，需进一步整合提升

芜湖市创新资源缺乏，很重要的一个原因是高等教育水平和科研机构的不足，对创新发展的支撑力度不足。芜湖市目前仅有本科院校5所、专科院校6所，其中对应芜湖市比较急缺的工业、管理及技术等相关专业的

设置则更少，并且有相应专业设置的也多以操作岗位为主，难以满足产业结构调整、战略性新兴产业发展的需求。随着战略性新兴产业的引入和发展，芜湖市对高端人才的需求不断加强，教育和研发力量薄弱导致人才培养不足的问题日益凸显，需加快对芜湖市高等教育资源的进一步整合提升。

（二）创新"双轮驱动"面临体制机制障碍

创新驱动战略要求实现技术创新与体制机制创新的"双轮驱动"，芜湖市研发机构多而不精、大而不强、集聚度不高，尤其是国家级研发平台数量与长三角发达地区相比有较大差距。此外，创新要素集聚能力不强，高层次科技人才依然紧缺，特别是在机器人、新能源汽车、现代农机、通用航空等战略性新兴产业的关键性技术、突破性技术等方面缺少全球领先人才。创新主体培育水平不够高，规模以上工业企业、高新技术企业、战略性新兴产业骨干企业数量和质量有待提升，部分企业技术瓶颈难以攻破，一些关键零部件和核心技术仍受制于人。科技成果转移转化的承接能力不够强，与长三角地区各大院校和科研院所的深度合作相对较少，承接长三角地区优质创新资源的成效还不明显。

五 相关配套政策不足

（一）环境治理财政支撑不足，环境政策制定不完善

长江生态保护修复和绿色发展项目本身回报率较低，资金回收周期长。目前一般通过地方公共预算支出或通过PPP项目实施。自2017年以来，岸线整治和生态修复大多数是沿江各级政府采用财政资金直接投入进行整改，造成地方财政难以为继。城镇污水一体化项目由市财政采用PPP项目方式实施，受经济下行和减税降费等诸多因素影响，财政能力承受已接近上限，后续修复治理难以继续采用PPP项目方式实施，且地方政府尚无法发行与环境治理相关的专项地方债。

在芜湖市打造"水清岸绿产业优美"的发展战略中，有必要实施最严格的生态修复与环境保护政策，形成生态环境红线意识，推动长江经济带芜湖段"共抓大保护，不搞大开发"。但与此同时，地方环保部门可能存在环境治理能力与治理体系不完善的问题，在处理全域生态环境保护与经济发展层面存在一定局限性，因此可能出现环境标准"一刀切"的问

题，追求一劳永逸，对于符合生态环境保护要求的企业也采取了集中停产整治措施，损害了政府公信力，也不利于地方经济的健康发展。

（二）所得税优惠政策过于严格，不利于企业获得感提升

在芜湖市国家自主创新示范区试点的所得税政策落实工作中，享受优惠的企业寥寥，2018年中，有限合伙制创业投资企业法人合伙人企业所得税政策、企业转增股本个人所得税政策、股权激励和技术入股延期纳税政策、创业风险投资和天使投资个人税收政策均无企业或个人享受。一方面，政策层面覆盖面较窄，标准过于严格；另一方面仅仅允许纳税人延期缴纳税款而未减免。以上因素导致该类政策含金量不高或者标准过严，大部分科技创新企业及纳税人缺乏获得感，抑制了科技创新企业参与试点的积极性。

（三）中小企业融资困难，不利于金融风险防范

2017年7月，芜湖市创新开展金融工作，在芜湖市范围推行以中小企业为服务主体、以企业信用信息为基础、以大数据技术为依托、以政策性担保为支撑的"征信机构+银行+担保"的中小企业信用融资新模式，努力解决中小企业"融资难、融资贵"问题。试点两年来取得一定进展，但仍存在诸多"痛点"，包括企业覆盖率低、征信服务效率低、融资担保模式单一、银行审贷流程长等问题。

第五节 推动芜湖市绿色创新发展的建议

一 实现产业转型升级突破

"十四五"时期，向技术密集型、知识密集型发展是芜湖城市产业结构调整的大方向。芜湖市已有一定高端装备制造业的基础，如轨道交通相关产品生产方面已引进了中国铁建、庞巴迪等公司，在引进的同时需要加强本土企业科技攻关，与引进企业融合，推动高端创新产业集群。优化产业分工及空间布局，通过产业链各环节升级推动从产业链垂直分工向水平分工转变，加快推动"千百亿企业"培育工程，加大重点企业扶持，帮助企业多元化发展。

进一步加大政策支持力度，推动企业技术改造升级，重点聚焦智能制造、高端制造、绿色制造、"互联网+制造"，引导支持企业加大技术改造,推动生产方式向柔性、智能、绿色、环保转变;以项目为载体,大力实施工业技术改造"双百工程",加快推动传统产业转型升级,提升了芜湖市战略性新兴产业的科技附加值与规模,推动了传统产业实现从产能扩张向内涵式增长的转变。依托优势产业和创新型领军企业,积极创建芜湖综合性国家产业创新中心,着力培育机器人及智能装备、通用航空等一批分行业国家产业创新中心。向国家及省级政府部门争取吸引力更大、针对性更强的税收优惠政策,刺激更多的企业积极实施股权奖励激励试点方案,让科技创新企业和高精尖技术人员得到更多的实惠。

二 明确在区域布局中的发展定位

随着一体化的深度推进以及区域之间产业分工的日趋合理,辐射效应将占据主导地位,当前需要解决的问题则是进一步改善地方营商环境,提高对外资以及人才的吸引力,应当进一步深化树立"一体化"意识和"一盘棋"思想,发挥比较优势,深化分工合作,并且依托自身的资源禀赋发展特色优势产业,通过打破行政区划壁垒以及制度壁垒,充分发挥企业的自主性,激励企业自身"用脚投票",推动优势互补与错位发展,以及实现"1+1+1+1>4"。除此之外,进一步提高江浙沪地区的辐射与溢出能力,充分发挥上海市龙头带动作用,以构建现代产业体系以及提升产业链竞争力为依托,通过产业上下游合作以及产业链环节的价值溢出效应。

依托皖江城市带承接产业转移示范区以及皖北承接产业转移集聚区的相关规划,明确芜湖市自身发展定位,积极拥抱挑战,在企业金融支撑、基金服务、管理机制及机制、用工保障、项目服务等方面开拓创新,以优质服务促进项目加快落地建设,以自身良好的服务机制保障,实现高端产业从江浙沪"绕道而行"到芜湖投资落地。

三 完善人才体系建设

在产业的发展过程中确立人才优先的战略布局,以城市发展目标和城市长远规划为标准,加大高层次人才和相关专业人才培养,完善人才发展环境建设,重点培育相关技术科研团队,为产业结构的调整储备人才力量。

（一）重点引进培养创新型科技人才

建立多层次人才交流和引进机制，吸引更多高端人才和团队到芜发展，结合城市产业升级，重点扶持自主创新团队。建设人才创新创业基地，大力引进海内外高层次人才，形成合理的人才结构，打造创新型人才队伍。

（二）加强校企联合专业人才培养

加强与院校和科研机构合作，针对经济社会发展重点、产业转型升级相关领域急需专业，加强管理、技能多方面人才培养，强化专业教育与生产实际结合，加快产学研结合教育发展。依托创新综合配套改革试验区建设，制定重点人才引进政策，加大人才招揽力度，实现人才引进与产业发展良性互动，在行业培育中实现人才集聚。

（三）全面推动技能人才队伍培养

积极构建技能人才培养体系，进一步对现有职业教育进行优化，梳理完善职业院校专业设置，提高职业学院学生培养水平。完善技能人才服务机制，降低相关培训的进入门槛，建立政府、企业人才联合培养机制，推动各行业多角度职业技能培训，为行业发展提供源源不断的从业人员，增加行业的人员流动活力。

四 完善创新体系建设

（一）构建区域协同创新体系，优化服务体系

加大"招才引智"力度，继续面向全球广泛招引高层次科技人才团队，建设多层次创新型人才队伍，促进创新要素快速集聚；共建长三角科技创新共同体，加强与长三角区域科研院所、高校合作，支持相关高校、科研院所来芜设立技术转移机构，加快科技成果转移转化。从主体筛选、过程跟踪等方面着手促进相关双创企业、高校、科研院所等主体共同推动大的制造业"双创"平台建设。大力支持行业孵化平台建设，促进优质资源整合，形成合力，最终建成一个崭新的创业服务扶持体系。

（二）提升创新能力，提高企业市场竞争力

实施强化企业科研的激励政策，推动企业自主投资研发的意愿。鼓励企业间新技术新产品联姻，共同开发产品，发现市场需求；加速科技成果转化，推动产业技术转移和扩散，鼓励核心技术企业有条件地分享技术成

果；鼓励先进技术应用，实现产业技术的最终落地；支持和引导企业发展自主知识产权，提高专利质量、授权率和转化率，打造知识产权试点示范区，并逐步推广。

（三）建设创新公共服务平台，优化创新环境

加强产业技术平台、产业技术联盟建设，促进技术与经济、项目与市场、创新与产品的无缝对接，结合城市圈发展互动，学习先进城市经验，创新体制机制，加快创新成果产业化。鼓励企业建设省级以上工程（技术）研究中心等公共服务平台，增强企业自主创新能力。根据芜湖市的产业结构特点，重点推进汽车零部件产品质量监督检验中心、汽车进出口检验检测中心建设，重点推进金融服务、公共物流等公共平台建设，为创新企业提供技术支持和信息支持。

五　充分发挥配套政策作用

（一）优化环保、土地相关政策

在进一步严格当前生态环境保护红线的基础上，制定可操作性的政策，禁止"一刀切"的措施，坚持服务与监管并重、激励和约束并举，为企业创造良好外部环境，保障战略新兴产业、现代服务业等行业企业正常发展，引导环境友好的中小企业规范发展。结合工业化用地试点改革，探索工业用地市场化改革新空间，租售并举盘活工业厂房等闲置资源。完善土地使用税财奖励政策，提高政策兑现力度。

（二）积极扶持小微企业金融支撑

构建芜湖市"线上+线下"一体化金融服务模式，积极打造金融综合服务平台；积极组建科技银行，放宽融资条件，解决科技型中小企业、初创型企业、孵化企业融资难问题。发展科技风险投资，设立科技风险投资基金，建立"风险公担、收益共享"的风投机制，通过参股、融资担保和风险引导等方式，鼓励民间资本进入科技风险投资领域，支持科技型中小企业发展。进一步加大对科技型企业改制上市的支持力度，鼓励科技型中小企业完善公司法人治理结构，充分利用多层次资本市场，积极推进上市融资。

第六节 芜湖市推动高质量绿色发展典型案例

一 鸠江区机器人产业园

2015年，芜湖市成功获批安徽省战略性新兴产业集聚发展基地。芜湖市抢抓国家战略新兴产业区域集聚发展试点、省战略性新兴产业集聚发展基地建设重大机遇，建设国家级、安徽省机器人双基地，立足"突破精密减速机、伺服电机、控制器等关键核心部件技术，形成机器人产业技术创新体系，培育3—5家机器人产业领军企业"延伸发展上下游产业链，提升产业协作配套能力。到2020年，产业发展目标规模为300亿—500亿元。

鸠江区机器人及智能装备集聚发展基地获批全省首批战略性新兴产业集聚发展基地。鸠江区位于芜湖市东北部，是市委、市政府办公所在地，是城市的政治中心、金融商贸中心、文化中心。鸠江区现辖4个镇、5个街道办及鸠江经济开发区（省级），总面积820平方千米，总人口58.9万人。鸠江区地理位置优越（国家经开区、出口加工区、朱家桥外贸码头等坐落境内），交通优势明显（含6条城际铁路、4条高速公路以及公铁两用的芜湖长江大桥汇集于此，拥有长江黄金水道和69.3千米岸线，芜湖港万吨级货轮四季通航），教育资源丰厚（多所高等院校位于境内），旅游资源丰富（含三国历史遗迹、国家5A级景区、全省最大海洋公园及多处自然人文景观）。

鸠江经济开发区作为机器人及智能装备产业集聚发展机器人产业核心区已集聚企业82家。基地现已形成埃夫特、希美埃、行健智能等企业集聚的工业机器人企业集群；清能德创、奥一精机、翡叶动力等关键零部件的企业集群；星途科技、酷哇、微云等服务及特种行业机器人的企业集群；瑞祥工业、东旭光电装备、普迈科等系统集成的企业集群，形成了涵盖行业上下游、涉及各项机器人应用领域的良好产业结构布局。产业园设立了哈特机器人研究院、安普机器人研究院、酷哇服务机器人研究院。成立了安徽省机器人产业技术创新联盟、香港科技大学李泽湘会士工作站、哈尔滨工业大学蔡鹤皋院士工作站、安普研究院张裕恒院士工作站等13家研发机构。龙头企业创新成果显著。埃夫特公司获批国家工程研究中心、国家企业技术中心；赛宝公司获批国家工业机器人质量与可靠性公共检测中心，牵头或参与机器人国家标准建制。

经过几年的发展，机器人基地产业规模效益稳步提升。基地规模企业产值从 2015 年的 59.36 亿元增长到 2018 年的 144.28 亿元，增长率达 143%；基地规模企业税收从 2015 年的 4.6 亿元增长到 2018 年的 8.24 亿元，增长率达 79%。截至 2018 年，基地重点建设项目累计完成 115.98 亿元投资。2018 年国家芜湖机器人产业集聚区获"2018 中国优秀机器人产业园区"、金手指奖 2018 年中国国际机器人年度最具影响力产业园区。

芜湖市机器人产业园取得高质量发展与其优良的产业发展环境密不可分。首先，芜湖市的区位优势良好，居中靠东，承东启西，连接南北，处于中国经济最发达的三个地区之间；交通便利，是华东区重要的交通枢纽，以芜湖市为中心 4 小时路路交通半径内覆盖 60 多座大中城市；工业门类齐全，具备良好的产业配套条件，已形成电子电器、汽车及零部件、电线电缆、材料四大支柱产业。北京清能德创、上海酷哇、意大利 CMA、意大利 EVOLUT、天津瑞思、哈尔滨行健、中山大洋电机等一批机器人产业龙头企业落户发展。

图 5—12　鸠江区机器人产业园

资料来源：调研组拍摄于 2019 年 12 月 7 日。

二 繁昌县经开区春谷3D打印产业园

繁昌县位于芜湖市西南部，北靠长江，素有"皖南门户"之称，现辖6个镇、70个村、25个社区，面积590平方千米，实有人口28万人。繁昌古称春谷，西汉建县，森林覆盖率达1/3，山地占国土总面积的40%，拥有七大类34种矿产品，其中以石灰石为最，地质储量约17亿吨。繁昌县位于国家级皖江城市带承接产业转移示范区核心区，两条高速、三条铁路在此交会，与合肥新桥机场及南京禄口机场均在两小时车程以内。营运铁路33千米，公路里程907千米，其中高速公路27千米，长江黄金水道22千米，内河最大通航里程97.1千米。繁昌县工业起步早，经济基础较好。2006年成为安徽省第一个工业县，2018年实现地区生产总值283.1亿元，居民人均可支配收入28688元。

"十三五"期间，繁昌县的战略性新兴产业的重点培育对象是3D打印智能装备产业。自2014年以来，繁昌县政府推出了3D打印智能装备专项扶持政策，成立3D打印及智能装备产业发展基金，重点在固定资产投资、技术研发、生产制造等领域支持3D打印及智能装备企业，助力产业做优做强。强化平台支撑和配套服务，建设产业园、做实研究院、构建产业链。安徽省春谷3D打印智能装备产业园位于繁昌经济开发区内，在县经济开发区内高标准建设春谷3D打印智能装备产业园，规划占地430亩，其中一期占地64.8亩，建筑面积4.83万平方米，主要建设企业厂房、实验室大楼、产业研究院大楼、邻里中心及相关配套设施。一期建成前入驻企业落户开发区二期标准化厂房（2、4、5、6、7号厂房，2.1万平方米）。产业园三期已开工建设，其中快速精密制造中心标准化厂房（1.27万平方米）已投入使用。产业园二期（激光产业园）规划占地128亩，一期先建设35亩，投资8000万元。目前，园区已入驻各类3D打印智能装备企业50余家，2018年实现工业产值2.5亿元，主营产品包括3D打印设备、三维数据建模与软件、耗材和应用服务等多个领域，基本实现了3D打印完整产业链的构建，已成为华东地区最大3D打印产业集群。

繁昌县政府成立春谷3D打印智能装备产业技术研究院，发挥3D打印产业发展基金的作用机制，加强政产学研用深度合作、协同创新。该研究院联合哈尔滨工业大学、中国科学技术大学、安徽机电职业技术学院、

图 5—13、5—14　繁昌县经开区春谷 3D 打印产业园

资料来源：调研组拍摄于 2019 年 12 月 7 日。

中国科学院上海光机所等高校院所相继组建了哈工大—春谷高端金属材料联合研发中心、中科大—春谷增材制造联合实验室、芜湖激光应用示范中心及春谷学院。2017 年年底研究院牵头组建了安徽省增材制造标准化技术委员会和安徽省增材制造协会，为园区企业提供科技研发支撑；2018年该研究院获评"市战新产业重点研发平台"。目前，中国已颁布 3D 打印国家标准 7 项，其中园区企业"安徽拓宝增材制造科技有限公司"主持发布了 1 项；工信部首次立项并公布了 12 项增材制造行业标准，其中以春谷 3D 打印研究院为牵头单位起草了 11 项。春谷 3D 研究院先后被认定为国家级小微企业创业创新示范基地、国家级科技企业孵化器等；发起成立长三角增材制造联盟，获批全国增材制造标准化技术委员会培训与服务工作组、全国增材制造产业联盟增材制造激光工作组。繁昌 3D 打印产业园已成为华东地区最大的增材制造产业集聚区，也是全国产业链最齐全的增材制造产业园区之一。

繁昌县政府制定《加强 3D 打印产业人才引进培养的实施意见》等专项政策，实施优惠政策加大 3D 打印产业人才的引进力度，包括生活补贴、住房补贴、子女入学等。几年来，围绕 3D 打印智能装备先后招引中北大学徐宏团队（安徽恒利增材制造科技有限公司）、中科大梁海弋团队（安徽拓宝增材制造科技有限公司）、哈工大郭景杰团队（安徽哈特三维科技有限公司）、西安交通大学李长久团队（芜湖舍达激光科技有限公司）等 9 个市级高层次人才团队，共获 4200 万元资金扶持。其中，中北大学徐宏团队、中科大梁海弋团队、哈工大郭景杰团队被评为省级高层次人才团队，共获得安徽省 1800 万元资金扶持。加强与高校合作，先后与安徽医科大学、中国药科大学、安徽工程大学、安徽师范大学和安徽机电职业技术学院等建立实习实训基地，共引进博士 17 人、硕士 23 人、本科生 65 人，为 3D 打印产业提供人才支持。

图 5—15　繁昌县 3D 打印产业创新中心

资料来源：调研组拍摄于 2019 年 12 月 7 日。

在产业集聚的基础上,繁昌县首先成立县级产业创新中心(安徽省最早的),全方位推进3D打印智能装备产业发展,并依托哈尔滨工业大学、中国科学院上海光机所、西安交通大学等高校、科研院所的产学研合作平台,招引前沿科技型企业,建成全国3D打印产业链最齐全的园区。投资5亿元、占地150亩的修正药业隐形牙齿矫正器项目,投资3亿元、占地100亩的意大利XEV工业级增材制造设备生产项目,共享集团智能装备项目,钢铁研究总院华东分院项目等近期已签约落户。中国科学院上海光机所多材料焊接技术项目、哈尔滨工业大学商飞钛合金项目、军工快速制造基地等项目落户繁昌正在洽谈中。

三 峨山头矿山复绿工程

峨山头废弃矿山地质环境治理工程位于繁昌县城东峨山镇省道216西侧和芜大高速北侧,项目区由原繁昌县第一水泥采石厂、第四水泥厂采石厂、繁昌县光华水泥有限公司采石厂和峨山凤形村石灰厂4家露采废弃矿山组成,矿山设立时间为1989年至1992年。2007年,县委、县政府根据产业规划对4家矿山全部实施关闭。因长期粗放式露天开采,项目区内地质环境问题较突出。

图5—16 峨山头废弃矿山待修复部分

资料来源:调研组拍摄于2019年12月6日。

上述4家露采矿山长期的粗放式开采,不仅造成地形地貌毁损,压占宕底土地资源,而且对省道216沿线产生严重的视觉污染,对凤峨泉景小区居民生活形成地质灾害隐患。为落实省、市"三线三边"矿山生态环境治理恢复工作的有关部署,繁昌县在实施废弃矿山生态环境恢复治理示范工程取得经验的基础上,把峨山头治理工程委托给宏大国源(芜湖)资源环境治理有限公司负责实施和管理。该工程于2014年1月通过招标确定中标单位为安徽水文地质工程地质公司,2014年3月开工建设。项目总投资2800万元,治理面积11.5684万平方米。建设内容主要包括:削坡和清除危岩、锚杆挂网、高次团粒喷播、宕底回填并植草种树,2016年6月完工。目前该项工程复绿成绩显著,整个坡面已长出约2米高的刺槐等多种灌、乔木,正在进行养护。

为保证峨山头项目的顺利进行,繁昌县自然资源和规划局对各参建单位明确了工程管理工作的相关规定,要求对治理控制、安全保证、资金使用及施工管理等方面严格把控。施工单位、监理单位在现场设立了项目部,配备了各类专业人员,工地管理良好,工程管理有序。工程建设期间,各参建单位根据自己的角色,按照合同约定完成相应的工作,认真履行各自的职责,履约情况良好。目前峨山头项目已完成设计文件及合同约

图5—17 峨山头废弃矿山修复完成部分

资料来源:调研组拍摄于2019年12月6日。

定的各项内容，现场复绿效果良好，基本达到了设计的目的。通过治理，彻底消除了区域内边坡的地质灾害隐患和视觉污染；另外，宕底矿山废弃地整理后可恢复107亩建设用地，预期可获得8000万元土地收益，既弥补了治理费用的不足，也使闲置的土地资源得到充分利用，明显改善了生态环境，提升了城市品位，为促进繁昌县转型发展发挥了引领示范作用。

繁昌县于2013年年底启动废弃矿山地质和生态环境恢复治理工作。截至2019年9月，全县已使用资金近2亿元，完成24个项目31座废弃矿山治理，治理面积约2700亩，获得建设用地300多亩，复垦耕地400多亩。通过治理，繁昌县矿区环境质量明显提升；盘活了闲置土地，消除了地质灾害隐患；美化了景观，改善了人居环境，实现了良好的社会效益、经济效益和生态效益。

第 六 章

资源型城市的调研报告
——广东省韶关市

第一节 韶关市经济社会发展概况

一 韶关市概况

（一）基本情况

韶关市位于广东省北部，与湖南省和江西省三省交界，属于"红三角"协调发展地区。韶关市是广州一小时生活圈内城市，广东省北上的重要交通枢纽，素有广东"北大门"之称。韶关市总面积为1.8万平方千米，下辖3区5县、代管2县级市，2018年年底户籍人口为336.6万人。

韶关市属于广东省经济欠发达地区。2018年韶关市地区生产总值1343.9亿元，仅占广东省地区生产总值的1%。但韶关市曾经辉煌过，地处长江流域支流的优势使得韶关市在改革开放以前的钢铁和制造行业极其发达；改革开放后，韶关市经济面临资源枯竭及转型的困境，煤炭行业退出历史舞台。

韶关市具有丰富的水、林、矿等自然资源。全市有集雨面积100平方千米以上的河流62条。水力资源估计蕴藏量约174.49万千瓦，已开发装机容量146.6万千瓦。韶关市是广东省用材林、水源林和重点毛竹基地，起到了"华南生物基因库"和珠江三角洲的生态屏障；是全国首批6个生态文明建设试点地区之一；省级以上自然保护区15个，其中国家级3个，自然保护区面积17.9万公顷，车八岭国家级自然保护区已晋级为世界生物圈保护区。韶关市已探明储量的矿产有 55 种，其中优势矿种 12 种，享有"中国有色金属之乡""中国锌都"称号。

韶关市具有丰富的陆路、水路交通运输资源。韶关市具有国家铁路一级枢纽，是全国 179 个国家公路运输枢纽布局规划城市之一。当前韶关市已建成以"三铁五高一航"为主骨架的综合交通网，其中"三铁路"包括京广高铁、京广铁路和韶赣铁路；"五高速"包括京港澳线、乐广线、南韶线、韶关北环和大广高速；"一航"即北江航道。

韶关市是广东省旅游资源最丰富、最集中、品味最高的地区。全市共有 903 处单体旅游资源，其中国家五级资源 4 个，四级资源 57 个，三级资源 137 个。2018 年韶关市共接待游客 4790 万人次，实现旅游收入 453 亿元，占全市 GDP 的 15%。

（二）历史文化

韶关市有着 2100 多年的悠久历史，古称韶州，被誉为"岭南名郡"。韶关市是世界上著名的红层古生物圈恐龙的故乡；也是生活在距今 12.9 万年前"马坝人"的故乡；是中华民族古老摇篮之一，石峡文化和海外瑶族的发祥地。韶关市具有丰富的红色资源，红色革命遗址遗迹 287 处。孙中山先生曾两次在韶关誓师北伐，毛泽东、邓小平等老一辈无产阶级革命家都曾在这里留下了光辉足迹。

韶关市是古代中原文化和南方百越文化交会之地，多种文化的交会相融，形成了独具特色的"韶文化"。韶关市人文底蕴深厚、文化遗产资源丰富。全市国家级、省级文物保护单位数量约占广东省的 10%，共有登记不可移动文物点超 2700 处，其中文物保护单位达 300 多处，包括国家级重点文物保护单位 9 处，省级文物保护单位 45 处，市县级文物保护单位 285 处。全市有国家级历史文化名村 1 个，省级历史文化名城、名镇各 2 座、1 个，省级历史文化名村 4 个。

二　韶关市经济发展现状

韶关市具有七大支柱产业，包括钢铁工业、有色金属业、机械工业、电力工业、烟草业、制药及玩具业，2018 年全市实现地区生产总值 1343.9 亿元，仅占广东省地区生产总值的 1%，按常住人口计算人均生产总值为 44971 元。2018 年，韶关市全部工业增加值达 384.1 亿元（占

GDP 的 28.6%），其中，规模以上企业工业增加值约占 81%。2018 年韶关市全社会固定资产投资完成 283.8 亿元，重点项目完成投资 131.5 亿元。列入广东省重大项目建设盘子的项目 13 个，居全省第三位。

2018 年，韶关市旅游总收入 453 亿元，增长 16.7%，接待游客总人数 4790.5 万人次，增长 13%。金融机构本外币各项存款余额 1849.8 亿元，增长 5.4%，住户贷款余额 499.2 亿元，增长 16%。全市证券金融机构交易额 2759 亿元，下降 12.7%。全年人寿险保费与财产险保费的总收入为 52.6 亿元，增长 11.7%。

韶关市具有优越的气候资源，农业优势明显，人均耕地面积在广东省排名第一。六大农业主导产业的生产基地不断扩大（包括优质水稻、畜禽产品、水产品、蔬菜、水果、烟叶等）；特色农业加快发展，特色农产品种类丰富，包括张溪芋头、南雄板鸭、火山粉葛等。全市共有 14 个省级现代农业园和 11 个省级农业标准化示范区。

韶关市素称"八山一水一分田"，属中亚热带湿润性季风气候，十分有利于林木生长，蕴藏着丰富的动、植物和林副产品资源。韶关市是广东省重点林区，所辖 12 个县均为重点林业县，有林业用地 220.38 万公顷，占全市总面积的 71.95%；森林覆盖率达 44.19%，是国家生态文明先行示范区和广东省林业生态市；是广东省最大的再生能源基地和天然生物基因库。南雄县、乐昌县、始兴县、乳源县、仁化县均被纳入国家重点生态功能区。全市主要林区的乡镇山林经济收入占林区居民总收入的 50% 以上。

三 韶关市区位发展情况

（一）历史发展情况

由于拥有丰富的矿产资源，新中国成立后韶关市曾被定位为华南重工业基地，一大批钢铁和矿产企业在韶关市兴起并发展壮大，为国家和广东省的工业化做出了巨大的贡献。但 21 世纪以来，随着矿产资源的逐步枯竭以及相关政策的出台和企业的关停，如何面对传统工业转型升级带来的更多问题，韶关市走到了不得不改变的历史关头（陈远鹏，2018）。2011 年 11 月，经国务院批准，韶关市被正式列入国内第三批资源枯竭型城市清单。2014 年 1 月，广东省政府审议并原则通过了《韶关市枯竭城市转型发展规划》，提出韶关市要探索一条具有特色的资源枯竭城市转型发展之路。

(二) 区域协同发展情况

借助珠三角产业转移，通过产业合作是推动粤北地区发展的有效途径。珠三角与粤北地区主要的产业合作模式就是合作共建产业转移工业园（曾灿、张司飞、李华，2015），但实际上进展并不理想。粤北地区建设了大量的产业转移工业园，以承接珠三角地区产业结构升级的产业转移，缩小地区间经济差距、实现区域协调发展。事实上，转移的产业与园区所在地的产业之间缺乏耦合性，没有形成产业链的上下游配套，多数园区入驻企业有限，土地和资源存在大量空置现象，珠三角地区与粤北地区产业合作资源互补效果不明显。因此，相对于广州市及其他城市，韶关市经济仍在低水平线上徘徊。区域协同发展存在的较严重问题引起广东省高度重视，也相继出台了多个政策推动广东省内区域间，特别与珠三角地区的协同发展，但仍然存在以下一些问题。

(1) 产业合作区存在同质化竞争

广东省开始建立产业转移工业园时，其主要考虑的就是促进粤北地区经济发展，推动珠三角地区产业结构优化升级，缩小珠三角地区与粤北地区经济发展差距，推动广东省区域协调发展。但在实际合作中，珠三角地区与粤北地区的部分产业合作资源互补效果不明显；有些产业园区产业合作的盲目性较高，转移的产业与园区所在地的产业之间缺乏耦合性，难以发挥辐射带动作用，形成不了上下游配套和产业链相结合。

(2) 产业合作模式较为单一

珠三角地区与粤北地区主要的产业合作模式就是合作共建产业转移工业园。虽然产业转移工业园取得一定效果，但从最近几年粤北地区产业增速，尤其是第二产业增速来看，粤北地区第二产业发展仍远远不够。在自身发展动力不足的情况下，借助珠三角地区产业转移的时机，通过更大规模的产业合作推动自身发展是粤北地区最有效的发展途径。而粤北地区产业转移工业园已经达到一定的数量，粤北各市以及各区县均有一个以上的产业转移工业园，而且部分园区引进企业数量有限，存在大量土地和资源空置的现象，不仅没有达到预想的效果，还浪费了大量社会资源。因而，珠三角地区与粤北地区的产业合作需要探索多种形式的产业合作模式，因地制宜地选择产业合作途径。

(三) 新时期发展要求

作为广东省装备制造业主要的基础零部件基地和配套基地，在广东省将韶关市纳入珠江西岸先进装备制造产业带以来，韶关市稳步推进先进装备制造业各项工作，产业集聚态势已初步显现，以配套为主要发展方向的装备制造业已成为韶关市的重要支柱产业。

随着"一核一带一区"区域发展战略和大湾区建设国家战略实施，广东省更加明确了韶关市等北部生态屏障的定位（陈远鹏，2018），实施生态优先、绿色发展，对接大湾区大市场，以生态为特色优势融入大湾区建设，建设生态绿色发展高地。

第二节　韶关市绿色转型面临的困境及成因

一　韶关市绿色转型面临的困境

以资源为主要驱动的社会经济发展方式推动了韶关市的城市化进程，但也给韶关市的可持续发展带来了负面影响，产生了一系列现代城市问题，其中普遍存在于资源型城市的具有典型性和代表性的经济问题、社会问题、环境问题如下。

(一) 产业结构不合理，转型难度大

1. 产业结构单一，产业比例失调

以资源产业为主的发展历史，决定了韶关市不合理的三次产业结构，第二产业占绝对大比例，而其中资源开采及其加工业则占工业总产值的比重在30%以上，当地的经济社会发展动力主要是矿产资源的开采和加工，大量的资产投资和劳动力都集中在资源产业，资源的有限性决定了当地经济很难实现可持续发展（罗怀良，2015），而由于其他产业的发展非常落后，在资源枯竭后城市发展遇到瓶颈，必须进行产业转型时，仍然只能围绕本地资源，开展相关的深加工、机械制造等，并没有从根本上摆脱资源型经济的特征。

2. 所有制结构单一，公有制比重过大

资源开发属于国民经济的命脉产业之一，都是由国家投资运营，因此资源型城市中国有经济必然占绝对垄断地位，自然导致其他经济形式的比重偏小，力量薄弱（安树伟、张双悦，2019）。韶关市的发展历程也是同样的路径，一方面大量的国有资产投资，带来庞大的负担，使得在资源枯竭的情形下，国有资本很难退出；另一方面，机制不健全导致社会资本很难进入，因此在经济发展的过程中，韶关市单一的所有制实现形式，导致了城市系统始终处于封闭运行状态，极大程度上限制了城市其他经济成分的发展。

3. 产业技术结构水平不高

由于前期的封闭，韶关市庞大的国有企业群体没有形成多元化的投融资机制，计划经济时期投资建设的资源型企业缺乏相应的资金持续改善设备设施老化以及工艺水平更新问题（支大林，2015）。落后的低水平技术结构，使得资源企业难以生产低耗能、高附加值的产品，在市场上缺乏竞争力。大部分企业都处于规模不经济状态，经营状态不良又导致企业缺乏资金投入技术和设备更新，久而久之的恶性循环，使得资源型企业发展逐步走向衰落。

（二）资金能力不足，财政负担重

资金缺乏制约了韶关市的产业结构升级，资源型产业作为资金资源密集型产业，需要大量的资金资源投入，韶关市的资源开发已经进入衰退期，开采难度大、成本高，而收益却越来越少，城市整体经济实力、发展潜力及经济效益都不理想，与此同时社会效益也大幅下降，还可能对环境效益造成负面的影响。韶关市传统资源型经济要实现转型，当地国有企业大量职工的就业安置和退休人员的基本保障、环境和城市基础设施的补充治理完善等都需要大量的资金来支付，地方财政显得捉襟见肘。

计划经济下资源型企业的建设、投入一直到产出都通过计划组织，在大力推动城市经济发展的同时，计划经济体制也制约了市场体系的发展，市场竞争机制的缺乏。资源的低效配置，资源产品价格长期不能反映其真正的市场价值，导致城市利益外流（张文忠、余建辉、李佳，2016）；再有韶关不少资源型企业是中央企业或省属企业，如韶钢就被宝武钢铁收购，这些企业所得税对本地财政的贡献较小，这些因素使得韶关"资源丰富、经济贫困"，地方政府解决问题的实力薄弱，需要国家和社会力量支持。

（三）城市布局分散，基础设施差

围绕资源与矿区建设是资源型城市的特点，缺乏集聚效应，同时市政设施建设与利用存在诸多问题。在资源型企业与地方政府实行"政企合一"时，城市建设围绕生产设施开展，存在重视生产设施建设、忽视生活设施建设的情况；改革开放后政府和企业分开，但地方政府薄弱的财力不足以支撑城市的基础设施建设需求，但另一方面资源型企业也建有大量的供气供水、医院学校等设施，造成了大量资源浪费，增加了城市运营成本。

（四）环境问题欠账多，治理难度大

历史上，由于对生态环境保护的认识不足，韶关市粗放发展模式阶段带来了空气、水体污染、水土流失等问题，给环境造成了很大破坏。随着环境制度越来越严格，韶关市开始生态修复治理，但因历史遗留的环境问题严重，治理任务十分艰巨，需要大量资金投入。资金短缺是当前韶关市生态环境治理的最大制约，如当地的矿山环境治理项目，多是在资金确定后再相应制订整治方案，治理往往不尽如人意。

（五）城市发展缓慢，社会问题多

（1）资源型企业负担沉重

大中型国有资源型企业是韶关市的一个主要负担，由于资源型城市初期发展的特点，企业办社会，更像是独立的"小社会"，与其他类型的国有企业相比，资源型企业既要从事业务开发管理，又要担当社会职能，而由于历史、机制等多方面的原因，大多数企业目前经营不善，企业背负着大量的债务负担，同时还有大量的离退休人员，成为制约企业发展的沉重包袱。

（2）下岗与就业问题

资源枯竭使得众多资源型企业以及产业链相关企业生产萧条甚至破产，而城市经济又缺乏其他的增长点，产生了大量的职工下岗再就业问题，一方面城市经济相对落后、产业结构单一；另一方面下岗失业人员往往技能单一、文化程度偏低又年龄偏大，可选择的就业面十分狭窄。失业率高是城市发展的一个顽疾，同时容易产生严重的社会问题，增加社会不稳定因素。

（六）专业人才缺乏，创新能力不足

韶关市的人口数量与同等经济规模的其他城市相比，人口数量属于偏多，但人力数量的充裕并不能掩盖人力资源质量相对较低的问题，这实质上也是资源型城市经济发展乏力的重要根源。韶关的劳动力量主要集中在劳动密集型企业，平均文化水平偏低、技能单一，企业经营管理、技术研发创新等人才严重缺乏，而且存在高层次人才年龄老化严重的问题，城市经济发展缺乏后继人才。多个区县处于偏远地区，远离经济中心且交通设施非常不发达，投资环境差，难以吸引高端人才，甚至有人才大批外流现象，使得城市人才需求更为严重（单薇，2019）。

二　韶关市绿色转型困境的历史成因

韶关市是典型的资源型城市，由于资源型城市的形成是中国计划经济发展的特殊的历史背景与时期所决定的，导致其发展困境的原因是多方面的，也是互相影响的。

（一）经济发展对资源依赖的必然结果

资源型产业是城市的主导产业，其本身存在一些固有缺陷。

（1）资源型产业，特别是韶关市以矿产为主的资源产业，其生产成本具有随时间递增的特点，当开采量达到一定程度后，原有技术的生产率会大幅下降，从而导致成本增加，而通过技术改造提高生产率又需要资金的投入，在经济效益下降后资金的缺乏限制了技术升级，导致效益递减，长期以资源产业为主的产业结构，使得资源型城市在资源枯竭后必然走向经济衰退（刘剑平，2007）。

（2）韶关市的资源产业主要为矿产开采以及初级加工，其生产产品的市场需求弹性小，产品销售量长期内都只能是缓慢增长，从而导致生产设施利用率低、设备更新周期长以及较低的劳动生产率，在经济发展降速后效益下降更加明显。

（3）资源型产业一般以高耗能、高耗材、高污染、占地广为特点。区域内资源型产业越多，该区域生态环境越恶化，生活质量越差，从而使人们对该地区发展失去信心，造成人口大量外流，进一步削弱了该区域的发展、管理与技术力量，最终导致区域陷入恶性循环。

长期粗放发展方式下的高强度开采，导致当地的矿产资源趋于枯竭，而产业结构的不合理使得其他产业难以发展起来，主导产业的萎缩致使城市发展缓慢，加上人员素质偏低以及专业人才的流失，种种情形都制约了当地经济的可持续发展，严重影响了当地居民的生活和社会的稳定。

（二）对资源型城市发展规律认识不足

资源型城市的建设特点是生产设施根据资源分布建设，而生活设施则是配套生产设施、以服务生产为主，但这种建设发展方式事实上与城市发展的客观规律是相违背的，建设过于分散而无法形成城市应有的集聚效应。基础设施建设的建设不足或者重复建设，都给城市经营与运行带来了沉重的负担。韶关市许多生活区都是建设在矿区或厂区周边，基础设施配套不足，与现代城市中心和主要交通道路相距甚远，无疑增加了生产、生活的运输交通成本，同时难以实现与发达地域的互融互通。信息滞后、技术落后，封闭状况更加削弱了城市发展功能。

事实上，资源开发的不同时期都难免带来与城市规划的矛盾。在资源开发前期，条件较为艰苦，城镇建设主要为生产服务，资源生产与农业生产相结合形成布局分散的小集镇形式，很少遵循城市规划的一般准则，这必然给城市的长远发展埋下冲突的因素。在资源开发中期，采矿点随矿体的分布而分布，受自然条件影响大，其布局只能被动地随采矿点地理位置决定，许多矿产资源分布散且地点偏僻。这就容易使城市发展与布局形成"点多、线长、面广"过于分散的态势，不便管理且缺少城市应有的生活氛围，无法形成城市中心的集聚效应。而到了资源开发的末期，资源开发和城市建设的矛盾更加尖锐。当城市因采掘业的兴起而出现时，其布局就很难满足一般城市对区位条件的要求，其基础设施严重滞后于整个社会经济的发展（安树伟、张双悦，2019）。

（三）计划经济遗留及二元管理的影响

作为计划经济时期开始大力建设的资源型城市，韶关市保持有典型的计划经济时代特点：企业项目的投资建设、配套基础设施建设、城市生产和生活服务的提供，习惯于国家计划保证。在矿产高速开发的时期，这种方式实现了城市的快速建设，保障了国家的矿产资源安全供应，但无序的建设开发，造成了大量的资源浪费以及生态环境的恶化。市场机制的缺乏导致产品价格的长期扭曲，进一步减缓了城市经济增长。

而资源型城市计划经济体制下的矿地一体化城市管理方式延续下来的

结果就是形成了管理体制与职能体系的二元化管理现象，市政组织的社会经济主体与资源企业的社会经济主体相互独立存在，企业与城市之间不能形成良性的互动，而是高度同构和混合，基础设施重复建设、资源的过度开发利用，不能适应现代市场经济发展的需求，下岗就业、环境治理等多种严重问题越积越多。

（四）地理位置局限及区域发展不平衡

韶关地区的县域多处于粤北山区，交通及市政等基础设施条件严重滞后，加大了企业的生产运输成本。在市场机制条件下，该地区的投资低效益使得大量资本都向资金收益率高的地区流动，造成落后县域经济缺少发展资金支持，甚至部分本土企业资金也流出，进一步加大了区域发展差距（税伟等，2006）。

韶关市与珠三角地区经济协作联系不紧密，城市辐射能力弱，尤其是北部山区的城镇化率低，产业分布过于单一，难以发挥经济发展的城镇集群效应，进而依托集群效应实现区域经济的联动发展，从而制约了区域协调发展的增长机制。与珠三角地区之间产业衔接不足，地区间同质化竞争；落后地区以农业和农产品初加工为主的低层次产业结构缺乏竞争力，区域间服务体系的发展差异、不平衡不协调的发展导致了地区间生产效率的差距，拉大了区域间的发展差距（曾灿等，2015）。

第三节　推动韶关市绿色转型的主要举措

一　省政府推动区域协调及转型发展的主要政策

区域发展不平衡一直是广东省政府重视的问题，省级层面也连续出台了多个政策指导区域协调发展工作。2002年出台的《中共广东省委、广东省人民政府关于加快山区发展的决定》，提出山区要先通过五年打基础，之后再用十年更上一层楼，到2007年全面实现脱贫奔小康。该决定还提出要建立规模化农产品生产加工基地，培育发展山区的优势产业和支柱产业，积极推动山区工业化进程，把山区旅游业作为重点产业加以扶持发展。

2005年广东省出台《关于我省山区及东西两翼与珠江三角洲联手推进产业转移的意见（试行）》，提出在山区及东西两翼地区打造珠江三角洲地区原材料供应基地，实现优势互补、共同发展；建立联席会议制度，研究制定促进产业转移园区建设发展的政策措施，加大对山区产业转移的政策支持力度。

2008年的《关于推进产业转移和劳动力转移的决定》提出加大东西两翼和粤北山区招商力度，加快产业建设步伐。通过珠三角地区辐射，带动东西两翼和粤北山区发展，优势互补、相互促进，整体提升城乡居民生活品质，大力发展县域经济和特色产业，提高吸纳就业能力。

2011年《粤北地区经济社会发展规划纲要（2011—2015年）》提出到2015年，粤北地区初步建成生态屏障，初步形成绿色现代产业体系，进一步提高城乡人民生活水平。具体目标包括：生态环境建设上新台阶、基础设施建设上新水平、经济结构明显优化、城乡基本公共服务能力明显增强等。

2013年的《关于进一步促进粤东西北地区振兴发展的决定》进一步完善了促进粤东西北地区发展的政策措施，对粤东西北各市提出了两个新的奋斗目标：在2020年前实现经济总量翻番和城乡人民收入翻番，在2020年前实现人均GDP分年度达到或超过全国同期水平。该决定强化了粤东西北地区的主体责任，坚持粤北山区开发与保护并重、东西两翼在发展中保护的原则，构筑粤北山区和环珠三角外围生态屏障、东西两翼蓝色海岸带生态安全屏障。

针对韶关市转型发展，2014年1月广东省政府通过《韶关市资源枯竭城市转型发展规划》，该规划分为近期（2012—2015年）和远期（2016—2020年），主要内容强调：第一，加强城市转型提质。加快城市新区开发和老城区改造提质，优化城市空间结构，完善城市功能，促进老工业基地振兴发展和绿色发展，不断提高城市的区域影响力。第二，加强转型接续产业构建。大力推动资源加工传统优势产业的升级改造，推动发展资源深加工，延长资源型产业的链条，力争将韶关市发展成为珠三角地区先进制造业配套产业基地、广东省机械装备制造总部经济基地、优质农产品加工基地和生态旅游休闲度假基地。第三，推进构建绿色生态发展格局。维护韶关市的生态环境优势，积极构建生态综合保护格局，加快矿区环境治理，着力发展循环经济，把韶关市打造成经济发达、人居环境优美、生态文化繁荣、人与自然和谐相处的生态宜居城市。第四，重视转型城市发展的民生需求。规划紧紧围绕转型城市发展的需求，推进解决社会民生历史遗留问题，不断改善就业环境，提升社会保障能力，加大棚户区改造力度，强化公共安全体系建设。第五，加强平台建设和区域合作。以构建区域性交通枢纽和广东省清洁能源生产基地为核心，加快高速公路、铁路、机场和内河航道建设，完善能源保障和水利基础设施，积极促进产业转移平台建设，为韶关市实现转型和可持续发展提供保障。第六，重视转型发展重点项目建设。包括四大转型发展工程：产业发展工程、民生及社会事业工程、生态环境保护与治理工程、基础设施建设工程，重点实施110项重点项目，计划投资1621亿元。

二　韶关市推进绿色转型的主要措施及效果

（一）推动传统产业转型，夯实发展基础

一是推动传统龙头企业转型升级。突出大企业集团产业的主导地位，引导骨干企业不断优化产品结构，逐步向低能耗、绿色环保、高附加值的新领域方向发展。推动韶钢由传统建材、中厚板的产品转型到特钢、高端棒线材，支持韶钢中板产线转型工业线材技术改造项目、宝特韶关汽车零部件用钢基础材料制造项目建设。推动韶关冶炼厂就地转型升级，高标准建设金属材料产业园区，以发展有色金属深加工环节为重点，着力贯通原料—材料—精深加工—终端产品的产业链条。推动东阳光向新能源材料迈进，支持东阳光年产10000吨新能源用锂离子电池正极材料项目建设。推动宏大齿轮从零部件到整机的产业链延伸，支持宏大齿轮广汽变速箱齿轮项目、生态植物纤维餐具成型设备生产基地建设。

二是深入实施百家优质重点企业"倍增"计划。全方位支持已定的107家优质企业，推动企业3—5年内实现产值、税收双倍增。对企业提出的具体诉求提出解决方案的建议措施；对共性需求，出台切实可行的扶持措施。

三是深入实施工业企业技术改造三年行动计划。充分利用省级促进经济发展专项（企业技术改造）资金的引导、扶持作用，推动工业企业扩产增效、智能化改造、设备更新、技术中心建设。建立重点工业技改项目台账，定期更新重点项目进展，针对企业项目建设过程中存在的困难和问题，及时协调有关部门解决。

四是深入实施落后产能退出三年行动计划。制订淘汰落后产能工作方案，以环保、能耗为红线，针对高能耗、高污染、高排放、低产出的产能、企业和产业低端环节，采取切实有效措施，进一步加大清查整治力度，依法依规推进淘汰落后产能工作。

五是实施工业"上云行动"。深化信息技术集成应用，促进生产型制造向服务型制造转变，进一步优化产业结构，推进信息技术与先进制造技术的深度融合。以实施"互联网+"制造为契机，用好广东省"上云上平台"服务券和市级财政资金政策，加强工业互联网在企业内外部的应用，建设企业级平台和行业性平台。

六是强化节能减排绿色制造。围绕资源能源综合利用和清洁生产水平提升，以传统工业绿色化改造为重点，构建绿色制造体系。鼓励工业企业使用绿色低碳能源，提高资源利用效率，研发推广装备制造业绿色工艺技术及装备，引导企业淘汰落后设备工艺。加强重点行业企业清洁生产审核工作，加强钢铁、水泥、造纸、陶瓷、制糖、烧碱等7个行业重点高耗能企业能耗限额、阶梯电价实施情况及重点用能产品设备能效提升专项节能监察。

（二）培育新兴支柱产业，增强发展支撑力度

一是加大招商引资力度。发挥产业研究院的平台作用，加强对新兴产业的研究和谋划，找准产业关键资源和龙头企业，提高招商引资的针对性和准确性。坚持"增量调方向、存量调结构"的思路，围绕先进装备制造、大数据、医药健康等新兴支柱产业，强化产业发展与招商引资联动，通过以商引商、中介招商、精准招商等方式，有针对性地开展招商引资、主动承接产业转移和项目推进工作，着力引进投资规模大、科技含量高、辐射带动能力强、具有自主创新能力的龙头企业。用好"一带一路"、省支持产业共建和珠西产业带等政策，与龙头企业合作开展定向招商推介，依托大型企业特别是珠三角地区企业开展上下游产业招商。

二是推动装备制造业提速发展。争取广东省珠西产业带扶持资金，落实广东省珠西产业带扶持政策，支持装备制造业项目落地建设。推进装备制造公共检测平台动工建设，完善装备制造配套设施，完成液压件产业计量测试中心建设。落实市级装备制造业首台（套）政策，促进装备制造企业研发创新。

三是推动大数据产业项目落地建设。推动"华南数谷"教育组团、广东联通 BPO 2 个项目建设落地。邀请华为、腾讯、阿里、百度、科大讯飞以及电信运营商 6 家人工智能龙头企业赴韶考察，谋划在韶关共建人工智能实验室。

（三）促进科技创新驱动，提升发展能力

一是全面培育发展创新主体。突出企业主体地位，鼓励和支持企业加大研发投入。针对产业结构优化升级需求，组建产业技术创新战略联盟。依托企业组建省、市工程中心，推动企业与高校、科研院所、新型研发机构共建企业技术中心企业重点实验室、院士工作站等各类研发机构。鼓励韶钢、东阳光、韶铸、比亚迪等龙头高新技术企业通过上下游配套、创新联盟和孵化培育等方式带动中小企业创新发展。

二是加快建设创新平台。引导各类主体建设科技企业孵化器，加快众投邦加速器、莞韶双创中心等建设运营，加快韶关高新区成功创建国家级高新区。

三是积极探索多元化融资渠道。创新财政投入方式，通过拨贷联动、拨投联动、投补（奖）联动等机制，加快撬动银行、股权投资机构等社会资本进入科技创新领域。用丹霞天使母基金和众投邦创新创业投资基金，支持粤科金融等有条件的风险投资基金与韶关市相关的引导基金联合设立创业投资、成果转化、产业发展等子基金。鼓励银行金融机构加大对科技型企业信贷力度，缓解科技型企业融资难的问题。

四是加强创新人才队伍建设。发挥首期享受韶关市政府特殊津贴人才的示范带动作用，实施"双百人才工程"，大力培养和引进高层次创新人才。实施产业科技人才扶持政策，实施人才安居工程，大力吸引海内外优秀人才创新创业。

（四）加强园区规划建设，打造发展平台

一是提升园区产业规划水平。发挥全市各园区的产业基础和资源优势，优化园区产业发展规划，围绕园区产业布局、定位，大力引进培育主导产业。

二是高标准打造示范园区。突出莞韶园、华南装备园两个市级园区的建设，打造全市产业承接的示范园区和阵地。积极推进莞韶园创建国家级高新区，打造珠江西岸装备制造产业配套核心区。

三是加强园区基础设施建设。实施园区提升三年计划，全力抓好莞韶园甘棠片区的规划编制与征地工作，打造承接医药健康产业和无人机产业的新发展平台。严格落实园区环保配套设施与园区同时设计、同时施工、同时投产使用，整合利用各产业园及其周边现有教育、医疗、公交等资源，完善园区公共服务。

四是完善园区工作机制。落实园区工作绩效考核制度，从招商引资、基础设施建设服务配套、行政服务效率等方面进行全面考核。推进莞韶园管理体制机制改革，加快解决各片区历史遗留问题，提高园区管理效率。

（五）提升政府服务水平，优化发展环境

一是深化服务改革。抓好"数字政府"建设，整合建设统一安全的政务云平台，加快建设大数据平台和一体化网上政务服务平台。推行政务服务"一门办、网上办、就近办、一次办"，实现县（市、区）、镇（街）、村（居）实施"一门式一网式"政务服务模式全覆盖，全面推行"前台综合受理、后台分类审批、统一窗口出件"工作机制和四级政务服务联动机制。推进建设工程项目审批流程优化和审批服务模式改革创新，2019年上半年实现工程建设项目平均审批时限为100个工作日内。

二是创新服务举措。坚持市领导和市直部门挂点联系企业工作机制和"韶关政企通"微信平台挂点企业服务系统的运行，构建零距离、零障碍、高效率的企业困难诉求办理制度体系。完善政策执行方式，协调解决企业生产经营遇到的问题。

三是降低企业成本。制定实施降低制造业企业成本的政策措施，从降低企业税费成本、企业制度性交易成本、企业物流成本、企业财务成本、企业用工成本、企业员工社会保险等生活成本、企业用电用水等生产要素成本七个方面着手，有针对性地帮助企业降低成本、减轻负担，2019年降低企业成本30亿元。

四是强化协同支撑。构建"四位一体"的协同支撑体系，包括实体经济、现代金融、科技创新、人力资源，强化金融支撑作用，加强现代服务业对产业的支撑，为产业和企业发展创造良好环境。建立具有较强吸引力的人才引进与发展战略，构建多层次人才引进育成体系，落实省市县三级人才政策，帮助企业引进急需人才和团队，不断完善医疗健康、商业、教育、休闲等生活配套设施，促进产城融合，为创新人才落户提供优越的工作和生活环境。

（六）推进节能减排工作，注重发展效率

一是发展节能环保产业方面。支持发展钢铁、水泥等传统产业节能改造。大力构建能源生态体系，开展11家园区（基地）循环化改造工作，落实国家资源综合利用税收优惠政策，鼓励企业开展资源综合利用，128家企业通过自愿清洁生产审核验收，43家企业达到省级清洁生产标准。建成能耗大数据监控平台，扎实推进节能降耗，单位GDP能耗"十二五"累计下降22.88%，超额完成省下达的18%的目标任务。

二是配套政策方面。国家节能减排财政政策综合示范城市获得批复后，韶关市陆续制定出台一批支持节能减排工作及能力建设的配套政策，保证了节能减排示范市建设的持续、顺利进行。2014年，出台财税、环保、建筑节能等相关配套政策10个。2015年，进一步出台差别化水价、财税优惠、万家企业节能考核工作方案、"禁实限粘"与新型墙体材料推广工作、农业污染源治理等配套政策9项，确保节能减排工作的广泛、深入推进。2016年，出台发展乡村旅游的财税优惠政策、公共机构节能监察、公共机构能源审计、钢铁行业能耗专项检查、营运"黄标车"提前淘汰等配套政策9项，并大力加强已出台政策的广泛、深入推进，巩固及扩大节能减排示范城市建设成果。

三是体制机制创新方面。2014年以来韶关市系统开展碳排放交易工作，包括碳排放权配额、企业碳排放信息报告与核查、企业历史碳排放信息报告核查、碳普惠制——林业碳汇试点等碳交易相关工作。积极推进企业自愿性清洁生产审核、营运"黄标车"提前淘汰补贴、配电变压器能效提升、整治高污染燃料锅炉以及水泥行业实施阶梯电价节能监察等机制创新。

四是能力建设方面。韶关市成立了市转型发展及节能减排示范工作领导小组及其办公室，有效推动节能减排工作的开展。完善环境监测、统计、评价、考核体系建设，建立各区、县（市）政府污染减排责任制制度，统筹指导整个"十三五"全市减排工作。建立并实施能耗监测、统计评价、考核体系。

（七）紧抓生态文明建设，确保发展质量

一是高标准实施主体功能区规划。落实《韶关市主体功能区规划实施纲要》，以镇、街道/乡为基本单元，进一步细化功能区划分。高标准建设粤北生态特别保护区，积极发挥生态优势，把建设粤北生态特别保护区作为韶关融入珠三角、服务大湾区的重要抓手，加快走上生产发展、生活富裕、生态良好的道路。

二是高水平打造"广东绿色生态第一市"。把碳汇造林、生态景观林带、森林公园建设列为"百项工程兴韶关"的重点工程。积极推进碳排放权交易，刘张家山林场在全省开创林业碳普惠制碳汇上市交易先河。打造按照市区"三山城市森林公园"，提升城市形象品位。大力发展林业经济，扎实推进乡土珍贵树种和林业产业项目示范基地建设，建设南岭茶叶产业带，形成茶叶、油茶为特色的产业体系。推动林下经济与精准扶贫相结合，推出一批林下休闲、森林旅游和养生项目，引导林企、林农发展林下经济。

三是高质量构建生态产业体系。大力发展生态工业，以生态环境约束性作用倒逼产业结构转型升级，推进供给侧结构性改革，淘汰落后钢铁产能315万吨，新旧动能实现有序切换。大力发展生态旅游，推动"旅游+农业"融合发展，成功创建全国休闲农业和乡村旅游示范县。2017年接待游客4239.54万人次，比2012年增长100.18%，年均增长14.89%；实现旅游总收入390.12亿元，比2012年增长150.27%，年均增长20.14%。大力发展生态农业，突出绿色化、优质化、特色化、品牌化，推动适度规模经营，大力发展山区特色现代农业，着力打造珠三角优质农产品生产供应基地。加强现代农业产业园建设，提升现代农业装备水平，建设国家现代农业示范园区。以绿色生态为核心，推动农业生产从扩量向提质转变。

四是实施农村环境综合整治。全面开展新农村建设，建设美丽宜居乡村，以集中连片推进的方式全域推进农村人居环境综合整治。重点抓好市区城郊农村片区、环丹霞山片区、南雄古驿道新农村连片示范工程，推进278个省定贫困村建设新农村，始兴农村生活垃圾收运处置市场化运行等美丽乡村创建模式，得到省政府的宣传推广。

五是高标准提升环境保护水平。坚决打赢污染防治攻坚战，打好蓝天保卫战，落实南粤水更清行动计划，全面完成畜禽养殖禁养区划定与清理整治工作，全面铺开国家土壤污染综合防治先行区建设，完成100多项重金属污染治理工程。促进资源节约集约高效利用。倡导绿色生产生活方式，着力建设资源节约型环境友好型社会。实行最严格水资源管理制度，用水效率明显提升，万元 GDP 用水量由 321 立方米下降到 161 立方米，下降 49.8%。加强土地资源节约集约利用，近五年平均供地率均超过 60%。

六是构建高水平保护的体制机制。加大生态转移支付力度，充分体现生态功能区生态保护水平和生态价值，推进自然资源资产产权改革工作，林权制度改革有序开展，完成外业勘界集体林地面积 2018.8 万亩，占纳入林改集体林地面积的 98.9%。创新推广碳普惠制，健全生态补偿机制，着力开辟生态优势转化为经济优势的新路径。全面推开河长制、湖长制，构建市县镇村四级河长全覆盖体制机制。

(八) 主动融入大湾区规划，实现发展突破

一是主动融入和服务大湾区建设。积极谋划推进联通大湾区的重大交通基础设施建设，将韶关新区确立为对接大湾区先行区，全面深化莞韶对口帮扶，引导大湾区优势行业、龙头企业向韶关进行功能性转移。

二是发挥自身优势，找准对接途径。推动北部生态发展区与大湾区形成大农场、大花园对接大城市新模式，把北部生态发展区功能优势与乡村振兴战略、大湾区建设重大机遇叠加起来，把生态优势转化为产业优势。

三是利用大湾区资源。引入大湾区资源参与建设，完善鼓励大湾区企业、资本投资发展的配套政策，带动技术、人才、资金、信息等要素向北部生态发展区流动，推动北部生态发展区的供给与大湾区市场需求无缝衔接，更好地破解城乡二元结构。

四是推动乡村振兴战略。全力抓好乡村振兴，大力推进"一镇一业、一村一品"，扎实推进"千村示范、万村整治"工程、"厕所革命"，着力发展乡村文化，丰富群众精神文化生活。

五是打赢脱贫攻坚战。坚决啃下脱贫攻坚"硬骨头"，紧扣"两不愁三保障"，既不降低标准，也不层层加码，扎实实施产业帮扶，从就业、教育、医疗健康等方面阻断贫困发生和代际传递。

第四节 推动韶关绿色转型的建议

一 融入大湾区布局,承接珠三角产业链延伸

《粤港澳大湾区发展规划纲要》明确提出发挥粤港澳大湾区的辐射作用,统筹珠三角九市与粤东、粤西与粤北生产力布局。韶关市要依托生态禀赋优势,在生态、交通、产业营商环境以及区域合作机制等方面积极融入粤港澳大湾区建设,推动区域经济社会发展一体化,对于深化对外开放,促进规模效应的发挥以及消除区域合作壁垒。

一是产业分工协作方面。立足韶关市生态优势、区位优势、文化优势和产业基础优势,对接大湾区产业扩张和配套需求,把韶关市建设成为粤港澳大湾区先进装备制造业共建基地、旅游休闲度假首选地、优质农产品生产供应基地、高效联通大湾区与内地的商贸物流集散地。

二是优化营商环境方面。深化放管服,加强"数字政府"建设,提高政府服务企业能力,进一步消除市场壁垒,促进生产要素自由流动,将自身优势产品和优质服务输送到大湾区,以及承接契合自身发展特点的要素,有助于提高要素配置效率。

三是完善区域合作机制方面。重点深化东莞与韶关两市的合作交流,完善东莞韶关对口帮扶机制,探索建立产业合作共建机制,并以此为合作平台推动与大湾区其他核心城市的产业合作。

二 加强绿色金融支撑作用,推进产业升级优化

韶关市加强绿色金融与产业优化升级方面可在以下几方面探索(张会君,2019):

(一)完善绿色金融体系构建

推动绿色金融标准体系建设。探索绿色金融项目标准,完善评估办法,制定审查评估及风险管理相关标准。加快绿色金融标准体系建设,推动绿色金融业务有序开展,加强金融监管和风险防范。

加强人才队伍建设。加强现有员工培训,同时加强绿色金融专业人才招聘,加强建设绿色金融专家库和人才库建设,助力绿色金融的快速发展。

创新绿色金融产品，扩大参与主体。发挥金融机构的主观能动性，探索创新多元化绿色金融产品，大力拓展绿色金融范围，推动绿色金融服务创新，满足多样化绿色资金需求。

充分利用已有资源，与广州等地实现协同发展。加强与广州碳排放权交易中心等中介机构的沟通联系，持续推进碳金融业务。继续积极推进建立基于林业碳汇的生态补偿机制，运用市场化模式支持林业碳汇发展加强与粤港澳环境权益交易市场、广州碳排放权交易中心等中介机构的合作，实现碳排放权、排污权、用能权、林业碳汇等绿色金融交易，助力传统产业向"绿色产业"转变。

（二）实现绿色金融与产业升级有效融合

建立韶关绿色企业和绿色项目认证机制。明确绿色企业和绿色项目认定规范，结合规范要求，开展企业和项目绿色认定工作，提供依据推动财政、金融等配套扶持政策落实，助推金融市场加快投资决策。

创新产融对接机制。建立绿色企业及项目库，完善管理机制，举办绿色项目产融对接会，引导金融机构与企业精准对接，有效解决绿色项目融资需求，利用绿色金融推动产业转型升级。

三 依托"红三角"革命老区，打造特色旅游经济

（一）加强统筹规划，补足基础短板

推动"红三角"革命老区发展进入国家发展战略，从国家层面对韶关革命老区的发展进行统筹规划，加大支持力度，明确老区发展的指导思想，从省到地市、区县层面逐级落实，制定和完善支持革命老区发展的规划体系，充分发挥发展规划的引领作用，指导革命老区科学化、规范化发展，促进革命老区可持续发展。

在统筹规划的基础上，推动韶关革命老区优先发展，有针对性地向老区加大政策倾斜，规划建设一批交通、能源等重大基础设施工程，在加大资金投入、强化土地政策保障、完善资源开发与生态补偿等政策扶持和制度安排上进行突破。革命老区符合开发条件的项目优先立项，扶贫开发、造福工程等优先考虑，新农村建设优先安排，发展农村基础设施和各项社会事业优先照顾革命老区，尽快增强革命老区发展的内生动力。

（二）打造文化品牌，发展红色旅游

老区深入挖掘红色基因的丰富内涵，不断建设并丰富红色资源品牌，发挥内生动力。充分利用传统媒体和现代新兴媒体，通过大力宣传推广，提高老区知名度和吸引力，结合重大革命纪念日等各类节庆活动，组织活动宣传推广地方红色资源品牌，让更多人认识老区。充分调动革命老区群众的主动积极性，依托红色旅游的开发建设，引导革命老区群众因地制宜发展种养业和特色手工业，开发具有红色文化内涵的本土品牌。大力发展红色旅游配套第三产业，通过红色产业链的延伸增加经济收入，在满足旅游景区配套设施需求的同时提升老区的公共服务体系，红色旅游作为"开拓者"和"引领者"，促进产业结构转型升级，带动老区经济发展。

与生态环境保护相协调，坚持"绿水青山就是金山银山"，让革命老区群众在受益于红色旅游带来的发展成果时，能够继续生活在良好的生态环境之中。积极探索创新红色旅游投融资机制、红色旅游创新发展机制，调动各类市场主体、社会组织参与共建，通过资源开发、产业培育等多种形式，带动贫困地区脱贫致富，共享红色旅游发展红利。

（三）弘扬革命精神，吸引人才支撑

红色资源是老区人民的宝贵精神财富，要加大红色基地建设力度，大力宣传老区的光荣革命历史，宣传党和政府扶持老区的方针政策，宣传老区建设的成就和先进典型事迹。要弘扬红色革命精神，鼓励广大干部群众以老区革命精神为动力，营造齐心协力冲刺脱贫攻坚的氛围，增强群众脱贫的信心、激发群众脱贫的内生动力，使红色资源成为推动老区发展的不竭动力。

充分运用人才资源这一生产力，更好地带动老区发展。既要在老区红色革命精神下不断培养本地的优秀人才，更要积极引进与当地产业相关的高端人才，建立结构合理且富有活力的人才队伍，全面提升老区经济发展的人才支撑水平，成为老区产业转型升级的有生力量。

四 积极发展现代农业及山区特色产业

结合粤北山区的生态与环境资源条件，构建现代绿色产业体系，包括生态旅游、生态产品、特色农产品等，打造经济新增长点。规划建设特色产业片区，提升产业环境，优化生态、产业、资源组合，推动特色产业发展。

发展生态农业及特色现代服务业。保障山区支柱产业——农产品生产，打造粤北山区特色农产品，加强相关服务体系建设，鼓励农户加入规范化生产，打造当地企业，建设珠三角和港澳等市场的粮食生产基地，建立绿色、有机食品基地，现代农业示范园区，现代畜牧业产业化示范中心等，扶持发展森林食品、森林药材、油茶等木本粮油产业。

充分发挥粤北山区县域生态与环境资源条件，发展现代特色产业体系。推动区县经济发展，打造"龙头"产业，带动城镇、农村经济发展，真正实现农民增收。加强培育具有本地特色的经济产业集群，扶持发展配套产业，实现科技富民强县，增强县域经济实力。

第五节 韶关市绿色发展典型案例分析

一 大宝山矿区及周边废弃地生态修复

（一）大宝山矿区基本情况

大宝山矿于 1958 年建成投产，1995 年改制更名为广东省大宝山矿业有限公司，2008 年划归广东省广晟资产经营有限公司，现为广晟公司一级企业集团。大宝山多金属矿床赋存有风化淋滤型褐铁矿床，层状菱铁矿床，铜、铅、锌、硫铁矿床，斑岩型钼矿床以及矽卡岩型钼钨矿床。现阶段大宝山矿主要以铜矿采选为主。2017 年 2 月，大宝山矿新的采矿权范围为北至 61 线，南至 28 线，标高 270 米以上，矿区面积约 2.907 平方千米，其开采规模由 230 万吨/年提高至 330 万吨/年，采矿许可证有效期至 2039 年。根据大宝山矿现采剥现状及资源储量核实报告，矿区范围内铜、硫、铅锌矿量合计为：铜、硫矿石量 10829.61 万吨，平均品位 Cu 0.31%，铜金属量 338482 吨；平均硫品位 17.20%，有效硫元素量 18626091 吨；铅锌矿石量：253.42 万吨，铅平均品位 1.14%，铅金属量 28883 吨；锌平均品位 3.15%，锌金属量 79707 吨。

大宝山多金属矿床赋存，矿产资源丰富。自大宝山矿建成投产至今，虽铜、硫、铅锌矿量仍较丰富，但其褐铁矿资源经过近 50 年的开采，已接近枯竭，目前以铜矿采选为主。依据大宝山矿区矿床裸露易采易选的特点，矿区主要以露天开采为主。正是由于大范围的露天开采，加之不规范的民采，对地表造成了强烈的扰动和破坏，使得矿区山体破碎、植被毁坏殆尽，造成了比较严重的土壤侵蚀问题，甚至出现严重的重金属污染问题。

图6—1　上面两张图片为大宝山矿区生态破坏情况（修复前）
资料来源：大宝山矿区提供。

（二）废弃地修复情况及效果

自1966年至今由广东省大宝山矿有限公司的采选活动形成的废弃地面积约1000亩，主要位于大宝山采场中东部和南部、堆土场东北部、石门坳及矾水坑等区域，现已基本完成生态修复。

在韶关市政府及广东省大宝山广业公司的努力下，随着"三打两建"

的实施，大宝山矿区周边非法民间采选活动全部停止，大宝山矿区及周边废弃地的生态修复工作一直在持续有序推进。自2010年以来，大宝山矿区及周边废弃地生态修复共完成废弃地修复面积1469亩，工程累计总投入7507万元。其中，大宝山矿区废弃地完成修复面积约1094亩，工程累计投入4937万元，主要项目有大宝山矿沙凡公路14千米铜选厂周边区域修复工程、大宝山多金属矿矿山地质环境治理工程（采场中东部、东北部堆土场和采场南部排土场）及大宝山多金属矿矿山地质环境恢复治理（石门坳范围一期），这些项目主要采用的是传统的"覆土植被技术"，即矿业废弃地上直接覆盖1—2米厚客土层形成隔离层，避免有毒有害物质影响上层植物，再行植被，来对废弃地进行修复。

2018年3月至今，广东省大宝山矿业有限公司与中山大学、广东桃林生态环境有限公司合作对矿区周边废弃地完成生态修复375亩，工程累计投资2570万元，主要项目为新山片区历史遗留矿山生态恢复治理工程（一期）。新山片区历史遗留矿山废弃地因破坏严重，采用传统生态修复技术费用极高，因此该废弃地主要采用的是"原位基质改良＋直接植被"生态修复这一先进技术进行修复。不改变当地地形与土壤结构，在原位进行基质改良后，直接在矿业废弃地上种植植物和撒播种子，通过调控微生物群落与控制产酸的微生物类群，重建一个人工或半人工的生态系统，通过植物稳定重金属，降低重金属的迁移性，达到治理矿业废弃地污染的目的，专家认为该技术达到了国际领先水平，值得在全国推广。

（三）矿区生态修复初步效果

多年来大宝山矿区及周边废弃地生态修复的大力推进，对周边的地质环境及生态环境取得了一定的效果，各废弃地植被覆盖度达90%以上，地质灾害风险及环境污染风险大幅降低，有效控制了水土流失及地表水中重金属的含量。

（1）植被恢复效果：植被覆盖度达到90%以上，植物种类数目在七种以上，乔灌草结合，自维持，不退化，后期无须养护。

（2）酸化控制效果：废弃地土壤pH值从强酸性（通常小于3）上升并保持在7.0左右，实施区域外排水pH值从2.4上升并达到正常地表水的pH值范围。

（3）水土保持效果：水土流失降低80%以上，平均侵蚀模数达到国

（4）污染控制效果：土壤主要污染重金属元素有效态含量下降50%以上，外排水主要污染重金属元素含量下降90%以上。

（5）生态改善效果：实施区域整体生态环境质量得到明显改善，土壤原生动物和鸟类的多样性提高80%以上，恢复原生态。

（6）景观效果：乔灌草搭配，并佐以部分具观赏性的花种，实现较好的景观效果。

2012年，大宝山矿被正式列为全国首批40家、广东省唯一一家"矿

图6—2 上面两张图片为大宝山矿区生态恢复情况（修复后）

资料来源：大宝山矿区提供。

产资源综合利用示范基地"。前所未有的决心和投入、整治力度，在废弃地修复的同时，也彻底改善了下游横石水水质问题，提前达到《韶关市横石水流域达标整治方案》Ⅲ类水的要求，2017年大宝山矿业有限公司的企业环境信誉等级由蓝牌提升到了绿牌。2018年4月，公司还被授予广东省绿色矿山称号，为大宝山矿区域生态修复工作打下了坚实的基石。

（四）矿区下一步生态修复计划

大宝山矿区的生态修复工作仍在持续有序推进，接下来的生态修复计划确立以新理念、新体制、新方针、新目标"四新"为发展战略，以全面建成"矿产资源综合利用示范基地"和"绿色矿山"为契机，以生态修复先进技术为抓手，继续对新山片区历史遗留矿山进行全面生态修复，拟修复面积为1500亩。已委托环境保护部环境规划院编制了《广东省大宝山矿区新山片区历史遗留矿山环境综合整治实施方案》，计划在此区域继续实施环境治理二期、三期和四期工程，致力于彻底恢复该区域的生态环境。

二 碳普惠制——林业碳汇试点

（一）主要做法

韶关市是全国重点林区，全市森林覆盖率达到75%，林业用地面积141.85万公顷，活立木总蓄积量9053.95万立方米，均居广东省首位。2015年7月广东省发改委出台了《广东省碳普惠制试点工作实施方案》，但未将林业碳汇项目列入碳普惠制试点范围。立足于森林资源优势，韶关市及时向省发改委汇报，主动申请将韶关市林业碳汇纳入广东省林业碳普惠试点工作，在国家重要生态功能区探索生态补偿新机制和林区生态扶贫新模式。2016年5月，试点申报获得广东省发改委同意，在韶关市始兴县国营刘张家山林场、始兴县联兴林场、始兴县车八岭自然保护区、翁城镇沾坑村集体林地4处林地开展碳普惠制——林业碳汇试点。

韶关市碳普惠制——林业碳汇试点是探索开发构建由政府引导、第三方机构技术支持、市场推动和公众参与的多元化林业碳汇激励机制，是在省级层面通过搭建林业碳普惠制平台与碳排放权交易平台的对接，使林业碳普惠减排量可用于本省控排企业碳排放配额的抵消，形成高耗能、高排放地区对经济欠发达生态功能区的市场化补偿机制。2017年6月，试点依托中国质量认证中心广州分中心开发的《广东省森林保护碳普惠方法学》和《广东省森林经营碳普惠方法学》正式在广东省发展改革委备案，成为首批省级碳普惠方法学，标志着韶关市林业碳普惠试点取得初步成功。试点开发的 5 个项目减排量共 242343 吨通过省发展改革委备案和签发，当月在广碳所完成交易，交易额为 331 万元。至此，韶关市林业碳普惠试点取得圆满成功。

积极尝试林业碳汇与精准扶贫相结合路径。林业碳汇开发是一项不改变原有林木所有权、经营权，不依靠砍伐林木、出售木材产品而获得经济效益的项目，是对过去林业种植和保护的一种无偿补偿。韶关市有省定贫困村 278 个（2018 年数据），贫困户 3.49 万户，总贫困人口 8.99 万人，属于全省扶贫任务较重的地级市之一，韶关市决定在贫困村及少数民族地区县村深化推广林业碳普惠试点，经过半年的不断探索和尝试，取得了重大的突破，达到了预期的效果，让更多贫困村及少数民族地区县村从践行绿色生态发展中获益。

2018 年 2 月，韶关市发改局牵头市林业局和市扶贫办三部门联合下发《关于在我市贫困村及少数民族地区县村开展林业碳普惠项目的通知》，在已有调查的基础之上，进一步筛选在符合条件的贫困村开发林业碳普惠项目。对各县区上报的申报材料委托第三方机构进行碳普惠减排量核算及核证，全市 7 县（区、市）共计 64 个省定贫困村和 1 个少数民族村成功入选林业碳普惠项目，核证碳减排量达 101.9424 万吨，预计交易成功能为贫困村带来近 1700 万元的收益。

（二）试点建设成效的经验总结

各方对建立林业碳普惠机制达成共识。通过开展座谈、实地调研、交流研讨等活动，借助项目启动会、新闻媒体报道等宣传契机，韶关市试点在提高全社会对林业应对气候变化以及加强森林资源保护的认识方面成效显著。一方面，政府主管部门将发展林业碳普惠列为韶关市生态文明建设与低碳发展重点工作，对实现森林资源价值化、市场化和完善生态补偿机制等问题进行深入思考。另一方面，广大林地经营者积极参与林业碳普惠试点，认识到不依靠砍伐林木、出售木材产品而将森林加以保护同样可以获得效益，促进了传统粗放式森林经营模式向可持续森林经营模式转变。

完善和丰富广东省森林生态补偿机制。广东省现行生态公益林效益补偿制度存在补偿标准偏低、未考虑生态区位、林分类型、林分质量及地区经济发展水平、地方政府缺乏配套政策资金等问题，无法完全弥补划定生态公益林带来的经济损失，因此在实施过程中不能充分调动林地经营者管护公益林的积极性，导致部分林地退化严重。韶关市碳普惠制试点创新性提出生态质量衡量体系，在现有生态补偿机制基础上将林业碳汇作为实现森林生态补偿的重要载体和量化指标，并在碳汇核算方法学开发中综合体现森林的固碳能力和生态效益，使得生态区位重要和林分质量优越的林地通过碳汇获得更多补偿，从而鼓励和引导林地经营者积极从低碳角度采取养护山林的措施。此外，通过对现有国内外林业碳汇方法学及开发流程的简化，大大降低了碳汇项目开发及交易的成本，使得基层民众能够广泛参与并从中获益。

探索低碳精准扶贫的创新机制。发展林业碳普惠是将精准扶贫与生态文明建设、低碳发展相结合的有力切入点，是建立扶贫与低碳发展联动工作机制的创新型探索。建立林业碳普惠机制既符合生态功能区限制开发、保护生态的主体功能定位，也能为林业生产周期长、林农短期难有收益提供一个解决思路。林业碳普惠鼓励山区民众利用有关方法学，结合林地情况有效增加碳汇，开发林业碳减排项目，推动林业碳减排项目进入国内外碳排放权交易市场。同时，倡导企业与贫困村结对开展低碳扶贫活动，通过购买贫困地区林业碳普惠减排量，履行企业社会责任以及抵消企业自身的碳排放，贫困村从开发林业碳普惠减排项目中获得持续稳定收入，从而实现精准扶贫。

结论篇

转型路径差异性比较和对策建议

第七章

影响地区经济"绿色化"的差异性分析

第一节　资源型城市绿色转型困境

以资源为主要驱动的社会经济发展方式促进推动了资源型城市化进程，但也产生了一系列现代城市问题，其中普遍存在的具有典型性和代表性的经济问题、社会问题、环境问题有如下几方面。

一　转型难度大

转型难度大主要是由于计划经济遗留影响大，产业结构单一。资源型城市在国家指令性计划情况下形成线性经济生产模式，计划经济体制的影响依然存在，原有的体制、模式及观念惯性大，增加了城市改革和转型的难度。计划经济条件下的城市管理体制，企业功能与城市功能高度同构和混合；历史上经济发展主要依赖资源开采，要素集中在资源部门，导致资源型区域对资源部门的过度依赖，资源开发固定资产投入比重大，设备用途单一，资本有机构成高，加之配套设施的专用性，致使资源部门产生了巨额的沉淀成本，国有经济为初期绝对建设主体形成了资源城市的国有经济垄断地位，其他所有制经济类型缺少发展条件、力量单薄，形成了不合理的产业结构（张玉荣，2018）。城市管理体制与职能与现代市场经济要求不符，产业结构单一化、所有制实现形式单一，限制了城市其他经济成分的发展，制约了要素的转型。

二　治理资金缺乏

环境历史问题欠账多，造成治理资金缺乏。历史上，资源型城市在粗放发展模式阶段过度开发造成的地表植被破坏、水土流失等历史遗留环境破坏与污染问题严重，治理任务十分艰巨，需要大量资金投入，资金短缺是当前生态环境治理的最大制约。然而受计划经济体制影响，资源型城市市场体系很不完善，计划经济体制下的资源型产品价格并没有反映真实市场价值，资源的稀缺性及开采过程造成环境破坏的负外部性没有有效反映，大量资源被低价出售，资源使用方获得了主要财富，而不是资源生产方，包括地方与中央之间的收益分配之争，使得矿产开发的大部分收益集中在少数人手中，并且都在开发地以外的地区。这些因素使资源城市面临"资源丰富、经济贫困"的尴尬局面，地方政府解决问题的资金实力薄弱。

三 创新意识和需求严重不足

资源型城市在发展过程中，起到决定性作用的要素是资源和资本，而非技术进步和人力资本，因此产业发展对教育和研发的需求严重不足，并且大量要素向资源部门的集中，对技术创新供给产生了严重的挤出效应（罗怀良，2015）。而为经济长期发展提供动力的创新，既缺乏需求也缺少供给，科研人才也大量流失，当地形成了依赖资源的固有理念，而这种理念则进一步推进要素向资源部门集中，形成恶性循环。

第二节 制造业型城市绿色转型制约因素

进入经济新常态以来，制造业型城市面临着经济结构、转型等带来的各类风险，经济增速放缓后，城市产业结构调整面临着转型期的诸多压力和限制。

一 传统制造业亟须加快转型升级

大多数国内制造业城市的传统产业占比过高，战略新兴产业如技术密集型、知识密集型产业的比重过低，缺乏产品内涵，产品专业化滞后，在市场竞争中优势不明显。随着经济由高速增长转向高质量发展，由于市场需求缩小等客观因素，竞争优势不明显的传统制造业不得不进入战略调整期，即使技术、规模等领先的企业，由于制造业自身特点，能源消耗水平高,也面临着环境保护的硬约束。而国内制造业城市不同程度存在规划重叠现象,存在大量同质企业,同业竞争形势严峻,低端产品趋于过剩,新产品的研发能力和智能化程度没有形成市场的有效需求,企业整体盈利能力不足,在绿色创新方面投入相应就更加缺乏。

二 创新软硬件基础条件不足

创新驱动战略要求实现技术创新与体制机制创新的"双轮驱动"。国内制造业城市往往存在研发机构多而不精、大而不强的情况,创新要素集聚能力不强,高层次科技人才依然紧缺,特别是在战略性新兴产业的关键性技术、突破性技术等方面缺少全球领先人才。创新主体培育水平不够高,规模以上工业企业、高新技术企业、战略性新兴产业骨干企业数量和质量有待提升,一些关键零部件和核心技术仍受制于人,科技成果转移转化的承接能力不够强。同时城市对现代制造业的综合服务水平跟不上发展要求,在教育卫生、金融系统、公用事业、现代物流等方面发展明显滞后,产业配套能力较弱。这就需要大力提升现代科技服务能力,加快重点领域改革,以完善市场经济体制和增加龙头产业带动效应,有利于促进承接产业转移。

三 绿色发展政策制定存在差距

受财政与税收水平的限制及城市本身发展水平的约束,部分制造业城市在环境治理机制和能力方面还存在一定差距,缺乏对城市空间范围和产业升级统筹考虑,加上政策执行过程中的刚性不足,因此很难达到应有的效果。例如,绿色发展项目本身回报率较低,资金回收周期长,目前一般通过地方公共预算支出,造成地方财政难以为继。另外,部分地方环保部门在处理全域生态环境保护与经济发展层面存在一定局限性,出现环境标准"一刀切"的问题,追求一劳永逸,对于符合生态环境保护要求的企业也采取了集中停产整治措施,损害了政府公信力,不利于地方经济的健康发展。

第三节 生态型城市生态价值实现障碍

一 价值实现制度缺乏系统性规划

中国尚未建立起充分体现生态价值的资源有偿使用制度和生态补偿制度体系，还不能全面反映市场供求状况、资源稀缺程度、生态环境损害成本，同时仍存在监管力度不足、市场作用发挥不充分等突出问题。生态资源制度的建设缺乏科学的政策路径设计和统一规划、管理，政策整体性和协调性不足，存在政策覆盖面不全以及多重监管或补偿等问题，管理部门间存在利益冲突、管理理念差异等，容易产生责任认定不清、监督考核难度大等问题（操建华，2016）。

二 产权不清晰限制资源交易

生态资源的稀缺性需要通过明确产权才能转化为可经营的生产要素，给所有者带来经济收益，从而推动生态产业的发展，而由于生态资源的流动性、跨区域等特征，难以清晰界定产权和责任，也无法明确受益主体，产权归属不清、权责不明确等影响了生态产品产业化的动力（陈洪波，2019）。目前，中国已有的碳排放权交易、排污权交易、用能权交易等都限于区域范围，多数是以地方政府牵头，由于各地具体情况不同，各地区之间交易政策、衡量标准、监督主体等方面差异较大，各地市场交易情况不同，区域间的高交易成本阻碍了资源在更大范围内优化配置，损害了市场主体参与交易的积极性。

三 生态产品特质导致"市场失灵"

生态产品的准公共品属性使得生态产业发展难以依靠私人营利部门推动，市场机制无法充分有效地发挥其在资源配置中的决定性作用，存在"市场失灵"现象。以市场为主导的生态产品具有投资收益周期长、回报率不高、高风险的特点，内生动力不足，要素流入门槛较高，资本、人才支撑不足，生态交易体系不完整、产权初始分配不公、市场化程度不高等问题致使能进入市场交易的生态系统服务仍很少，目前仅有排污权、碳排放权等少数热门"生态权"进入交易市场，而调节气候、涵养水源、生物多样性等冷门"生态权"均未进入交易市场。

第四节 国内城市绿色转型存在的共性问题

一 发展观念及发展机制障碍

中国城市绿色转型面临的最大阻碍就是绿色发展理念仍未得到深入贯彻，仍存在部分城市发展体制与绿色经济机制相悖的情况，部分地方干部考核晋升体系仍以 GDP 增长为最主要指标，仍存在追求政绩不惜以破坏生态、透支资源的方式来发展当地经济的情况，引发资源过度消耗、环境严重破坏。绝大部分城市财政体制基本上还是"建设财政"（罗志勇，2018），地方绿色财政预算投入过少，地方政府和民间资本参与绿色投资的激励不足，而地方政府把更多的精力放到地区经济总量和财政收入的增加上，导致局部发展成效往往被整体生态和环境恶化所吞没，达不到绿色发展的目标，又浪费了有限的资金。

二 环境补偿机制不健全

生态环境产品具有"俱乐部物品"性质，甚至是具有"全国性公共物品"性质，一定程度上需要平级区域之间的财政转移支付，但由于区域产权（边界）的存在，使得区域财政所提供的公共服务严格限定在本行政区域之内，现有的公共财政体制无法实现区域间生态服务的财政转移支付，需要在其他领域或通过其他方式实现生态价值补偿。然而，长期以来，中国并未真正建立起覆盖全国的地区间生态环境补偿机制，导致生态脆弱或资源富集地区的利益长期受损，丧失了地区经济发展机会。

三 绿色创新能力亟待提高

绿色技术创新需要进行统筹综合规划，这是目前国内多数地区比较缺乏的一项工作。绿色创新的关键技术目前仍以引进为主，核心竞争能力薄弱，对于创新的基础研发投入不足，配套的技术创新机制也没有跟上，企业在国家创新体系中的潜力仍待发掘。产生这一问题的原因，一方面是各级政府对研发投入的推动不足；另一方面是对企业创新引导不够，缺乏有效的激励性机制和市场化融资机制，这是目前亟待改善的一项重要工作。

第八章

促进地区经济绿色转型的对策建议

第一节 推动资源型城市绿色发展的建议

一 构建资源型城市绿色转型长效机制

资源型城市转型不是短期之内可以迅速完成的任务,必须要建立可行的长效机制,特别是对接续产业的扶持政策,替代产业真正发展起来,才有可能推动资源枯竭型城市实现经济转型(韩凤芹等,2009)。借鉴国外资源枯竭型城市替代产业发展的政策,如设立替代产业发展专项基金,对替代产业进行援助。另外,要尽快改善资源型城市的投资环境,首先是建立现代化经济秩序;其是完善包括交通、医疗、文卫等基础设施和公用事业的建设,只有投资环境的改善,才有可能吸引更多的投资进入资源型城市;再次是优惠政策也必不可少,包括土地优惠、融资优惠和税制优惠等,以吸引外来投资;积极发展或培育产业配套的企业,与大型企业形成产业链集聚效应,从而提高区域竞争力。

二 构建全方位的投资融资机制和发展绿色金融

积极运用投资融资政策促进资源型城市转型,加大绿色创新招商引资支持政策,如对在资源型城市进行绿色创新的企业设置设备资金融资和运转资金融资、减免地方税等。在绿色金融与产业优化升级方面加强探索,加强绿色金融人才团队培养,建立绿色金融人才专家库,助力绿色金融的快速发展。创新多元化绿色金融产品和服务平台,不断创新绿色金融产品形式,拓宽资金渠道,让更多资金流向绿色金融,满足绿色融资的需要,为资源型城市转型发展增添动力。

三 加强科技创新，提升传统产业链增值

资源枯竭型城市要真正实现振兴发展，不能丢弃传统的工业优势，应加大科技投入，将产业链条向产品附加值高的一端延伸，实现传统优势产业增值升值。利用多年的技术沉淀，学习和借鉴国内外先进经验，加大产学研力度，加大科技创新投入，打开传统产业新的利润增长空间。在提升产业链条增值的同时，尽可能地延长产业链，通过废物利用变废为宝，走循环经济之路。

资源型城市实现转型升级有其历史和环境特殊性，总的来说，改善民生是转型发展的根本，结构调整和优化是转型发展的关键，体制改革和机制建设是转型发展的前提和保障，政府和市场并重是转型发展的基本方略，统筹推进和重点突破是转型发展的具体策略，要立足于城市自身的特点，因地制宜地制定城市的转型路径（谭俊涛等，2018）。

第二节 推动制造业型城市绿色创新发展的建议

一 建设生态创新园区，推进转型升级突破

根据城市产业布局的特点，加速传统产业和战略性新兴产业的融合，进一步加大政策支持力度，推动企业技术改造升级，向技术密集型、知识密集型转型。加大力度发展高端装备制造业，先进企业的引进与本土企业的培育并重，打造高端产业集群，形成城市创新动力（张文忠，2014）。推进产业链各环节的升级，优化产业分工及空间布局，实现垂直分工向水平分工转变。大力发展现代制造，促进产业链向高端延伸，提高高端产品比重。

大力发展绿色产业集群，建设生态工业园，强化园区生态规划和污染控制，打造园区企业间的共生关系；创建绿色循环工业园，推动示范企业循环经济案例，推动产品生态设计，加强清洁生产，建立工业共生和代谢生态链关系，构筑循环经济微观基础。

二 完善人才体系建设，推动创新要素集聚

鼓励企业寻找新技术新产品合作伙伴，共同开发市场，打造消费者满

意产品；鼓励企业提供科研实力，加速科技成果转化进程。加快公共科技服务平台建设，为创新企业提供技术支持和信息支持，加强与科研院校合作，加快科技成果转移转化，建设制造业"双创"平台，整合优质资源、形成合力，形成创业服务扶持体系。搭建产业技术研究平台和技术联盟，使技术与经济、创新与产品、项目与市场、人员待遇与创新力度无缝对接，加快形成有利于创新成果产业化的新机制。

按照城市发展目标和城市长远规划，在产业发展过程中确立人才优先的战略布局，加强高端人才引进，为产业结构的调整储备高科技、高知识人才，加强政企校合作，完善人才交流机制，大力引进海内外高端人才，打造高层次创新型科技人才队伍。鼓励更多企业积极实施股权奖励激励试点方案，让科技创新企业和高精尖技术人员得到更多的实惠。

三　完善营商环境体系建设，发挥金融支撑作用

在进一步严格当前的生态环境保护红线的基础上，细化禁止"一刀切"的措施，提高政策可操作性，保障守法合规企业的正常生产，特别是战略产业、现代服务业等，对环保"领跑者"企业和环境友好的成长型企业，给予更大力度的扶持。坚持服务与监管并重、激励和约束并举，引导企业环境守法，打造企业绿色发展良好外部环境。

搭建金融综合服务平台，发展科技风险投资，设立科技风险投资基金，建立"风险公担、收益共享"的风投机制，通过参股、融资担保和风险引导等方式，鼓励民间资本进入科技风险投资领域，支持科技型中小企业发展。建立产业投资引导基金、创业投资引导基金，充分发挥财政的杠杆作用，吸引广大社会资本投入战略性新兴产业、科技创新、现代服务业等，充分发挥金融工具在企业发展中的正向作用。

第三节　推动生态型城市生态价值实现的建议

一　完善市场体系建设，加快生态产品价值实现

生态产品的重要基础生态功能包括维系生态安全、提供良好环境等生态调节服务价值的实现，是典型公共物品的供应，也无法实现产权的分割，需要通过政府主导的路径来保障价值实现，主要方式有规制管控、转

移支付和政府购买等。生态物质产品、生态文化服务、生态资源使用权等具备一定私人物品特征的生态产品，可以采取适当的形式（如排污权）分离所有权与使用权、收益权、处置权，向私人出让部分产权后实现生态产品的经营，通过市场主导路径发挥生态产品效益。

加快市场体系建设，生态产品价值的实现依赖于市场机制的调节作用，生态产品市场的建立需要政府和社会资本的合作，在加大国有资本投入的同时积极引入社会资本，推动生态产品市场各方面的投资建设，支持生态产品生产企业和生态环境服务企业发展，培育多元化生态市场主体，引导供求匹配，以虚拟交易市场和有形产品交易市场为载体，在确保生态功能的前提下，实现生态产品经济价值最大化。

二 加大生态创新力度，促进生态价值提升

生态创新是技术推动、环境管治和市场拉动共同作用的结果，要加大不同产业间跨行业生态技术创新的应用，包括工业生物技术、信息和通信技术、生态设计等，突破生态创新技术在跨行业平台推广的障碍。不同类型产业的生态创新需要不同的政策，它们面临的障碍和需要的支持程度会有所区别。对于产业生态创新的制度建设问题，需要变革性技术创新上的激励机制，更需要经济政策、社会治理相关制度的建设。

生态创新的战略选择事关国家在世界上的战略地位，从企业生态创新、国家生态竞争战略、经济发展模式生态化转型和生态创新治理等战略方向重视生态创新的作用，加强国家层面的生态创新研究，开展环境技术行动计划与创新框架研究项目，促进探索利用数字技术赋能生态产品价值实现的机制。

三 完善产权制度建设，推进绿色金融创新

建立生态产品经营及交易的基础性制度保障，加快建立生态资源资产产权制度，明确生态资源的所有权、收益权、使用权、经营权等，只有建立清晰的产权，才有可能实现生态资源按照市场规律实现价值，生态资产只有具备转换为资本和财富的条件，才能真正提高生态产品供给水平，从而最大限度地实现生态产品价值（高吉喜等，2016）。以充分反映生态产品中的劳动价值为原则，构建相应的价值核算和评估机制，推进生态产品

价值核算和评估工作，可参考借鉴环境经济的核算方法，综合对比运用现有各类核算方法，确立适用于生态系统的核算标准和指标体系，实现对生态物质产品供给、支持服务、调节服务及文化服务等生态产品价值量的科学评估。

推进绿色金融体制机制创新，生态产业发展必须有金融体系的支持，面对生态产品特质导致的融资约束，引入新的资金配置机制，完善现有金融结构。绿色金融是实现生态环保产业等特定政策目标实施的金融手段（陈经伟等，2019），有助于促进资金流向生态环境领域、引导企业"绿色"行为，加快建立绿色金融支撑体系，吸引更多社会资本投入生态环境领域。

第四节　从国家层面加快推进城市绿色转型的建议

要想改变目前国内城市存在不同程度的不协调、不平衡和不可持续的经济发展状况，达到城市经济韧性、资源高效利用、环境优美、社会包容发展的目标，需要从体制机制方面考虑，推动绿色经济转型在不同层面上取得突破。

一　推动观念和体制机制创新

体制和观念的改变及创新，是实现绿色经济转型的根本所在，特别是抛弃传统的唯 GDP 论、以牺牲环境为代价的不可持续发展方式。其中政府的职能转变至关重要，政府的错位、政府对生态的监督和问责制度缺失，一定程度上加速了传统发展方式对环境破坏（诸大建，2012）。绿色经济转型所需的创新机制和体制，需要政府依法治理，从而实现对绿色生产、投资和消费的激励，减少政策和市场失灵的负面影响，以及通过产权和定价方式改革，建立对资源产权的保护和补偿机制。

绿色经济转型需要跨学科的技术和理念，鼓励各类型城市基于自身特点和潜力实行不同的绿色发展战略，推进资源型城市产业升级，健全资源枯竭型城市绿色转型补偿机制，推动资源使用和收益地区直接向资源开采地区支付合理的补偿；发挥制造业型城市产业链完整、交通基础完善、人力资源充沛的优势，大力发展战略性新兴产业、现代制造业以及新能源产业等；充分发挥生态型城市自然资源丰富的优势，推动生态产品价值实现。

二 加强绿色发展体系建设

培育绿色产业发展体系。加速传统产业的绿色转型升级，培育绿色经济新业态，发展清洁生产、清洁能源等绿色工业，生态循环农业等绿色农业，加强重点产品全产业链提升研发创新，通过技术合作、产用衔接、服务配套等方面的协同配合，构建绿色产业发展体系。

建设绿色科技创新体系。加强绿色创新基础学科研究，加大相关研发投入，特别是绿色工艺装备研制，加强产学研用结合，加强创新链各环节的衔接，充分发挥市场在绿色创新资源配置中的决定性作用，构建以市场需求为导向的绿色科技创新体系。

建立绿色发展市场服务体系。进一步发展绿色金融，积极探索各类绿色金融工具的运用。完善全国碳排放权交易市场建设，开展交易产品和交易方式多样化试点，进一步扩大排污权有偿使用和交易试点，将更多条件成熟的地区纳入试点。

参考文献

安树伟、张双悦：《新中国的资源型城市与老工业基地：形成、发展与展望》，《经济问题》2019 年第 9 期。

操建华：《生态系统产品和服务价值的定价研究》，《生态经济》2016 年第 7 期。

陈洪波：《构建生态经济体系的理论认知与实践路径》，《中国特色社会主义研究》2019 年第 4 期

陈经伟等：《"绿色金融"的基本逻辑、最优边界与取向选择》，《改革》2019 年第 7 期。

陈远鹏：《第三批资源枯竭代表城市——韶关建设粤北生态特别保护区》，《小康》2018 年第 14 期。

单薇：《以创新驱动引领东北资源枯竭型城市转型发展》，《中国科技信息》2019 年第 5 期。

杜雯翠、江河：《"绿水青山就是金山银山"理论：重大命题、重大突破和重大创新》，《环境保护》2017 年第 19 期。

高吉喜等：《生态资产资本化：要素构成 运营模式 政策需求》，《环境科学研究》2016 年第 3 期。

国务院：《关于印发全国资源型城市可持续发展规划（2013—2020 年）的通知》，http：//www.gov.cn/zwgk/2013—12/03/content_ 2540070. htm。

韩凤芹、李成威、梁良从：《资源型城市转型的国际经验及借鉴》，《经济研究参考》2009 年第 71 期。

蒋金荷：《全球气候治理与中国绿色经济转型》，中国社会科学出版社 2017 年版。

李宏伟等：《生态产品价值实现机制的理论创新与实践探索》，《治理研究》2020年第4期。

李炯：《习近平"两山"论创新性及其现代化价值》，《中共宁波市委党校学报》2016年第3期。

李立行、张敏：《芜湖市建设创新型城市的战略定位研究》，《安徽科技》2019年第8期。

李寿德、柯大钢：《环境外部性起源理论研究述评》，《经济理论与经济管理》2000年第9期。

丽水市人民政府：《生态产品价值实现机制——丽水实践典型案例集（一）》，2019a年4月。

丽水市人民政府：《生态产品价值实现机制——丽水实践典型案例集（二）》，2019b年5月。

联合国环境署：《迈向绿色经济：通往可持续发展和消除贫困的途径》，http://www.unep.org/greeneconomy。

刘剑平：《我国资源型城市转型与可持续发展研究》，博士学位论文，中南大学，2007年。

刘志彪：《建设现代化经济体系：新时代经济建设的总纲领》，《山东大学学报》（哲学社会科学版）2018年第1期。

卢志文：《资源枯竭型城市可持续发展的路径选择——基于湖南3市的实证研究》，《中南林业科技大学学报》（社会科学版）2016年第6期。

罗怀良：《改革开放以来中国资源（枯竭）型城市转型实践》，《四川师范大学学报》（自然科学版）2015年第5期。

罗志勇：《社会转型期我国绿色发展的困境与路径研究》，《观察与思考》2018年第2期。

孟天琦：《安徽深度融入长三角更高质量一体化路径研究》，《经济论坛》2019年第6期。

税伟、陈烈、张启春、王兴贵：《粤北山区区域差距与协调发展战略研究——以广东省韶关市为例》，《云南地理环境研究》2006年第3期。

谭俊涛、张平宇、李静、刘文新、仇方道：《资源型城市经济转型的路径创造——以辽源市为例》，《资源与产业》2018年第3期。

王金南、苏洁琼、万军：《"绿水青山就是金山银山"的理论内涵及其实现机制创新》,《环境保护》2017 年第 11 期。

吴传清、宋子逸:《长江经济带创新发展研究进展 (2014—2018)》,《长江大学学报》(社会科学版) 2019 年第 4 期。

吴雪萍、胡艳:《芜湖市融入长三角区域研发联盟自主创新能力研究》,《安徽商贸职业技术学院学报》(社会科学版) 2019 年第 3 期。

谢枫:《庇古和科斯对环境外部性治理研究的比较分析——以环境污染为例》,《经济论坛》2010 年第 4 期。

曾灿、张司飞、李华:《广东省地区经济差距的演变及来源分解》,《广东社会科学》2015 年第 4 期。

张会君:《碳金融和绿色经济发展研究综述》,《现代商贸工业》2019 年第 33 期。

张文忠:《分类指导　改革创新　全面推进资源型城市可持续发展——〈全国资源型城市可持续发展规划〉专家解读之二》,《国土资源》2014 年第 1 期。

张文忠、余建辉、李佳:《资源枯竭城市转型的驱动因素和机理解析》,《中国科学院院刊》2016 年第 1 期。

张玉荣:《78 座资源枯竭城市,探寻转型振兴路径》,《小康》2018 年第 14 期。

赵建军:《"两山论"是生态文明的理论基石》,《中国环境报》2016 年 2 月 2 日第 3 版。

支大林:《我国资源型城市转型与可持续发展的困境及破解对策》,《福建论坛》(人文社会科学版) 2015 年第 4 期。

中国环境保护部、联合国环境规划署:《绿水青山就是金山银山:中国生态文明战略与行动》,肯尼亚内罗毕,2016 年。

诸大建:《绿色经济新理念及中国开展绿色经济研究的思考》,《中国人口·资源与环境》2012 年第 5 期。

Bowen, A. and Fankhauser, S., "The green growth narrative: paradigm shift or just spin?", *Global Environmental Change*, Vol. 21, 2011.

Georgeson, L., Maslin M. and Poessinouw, M., "The global green economy: a review of concepts, definitions, measurement methodologies and their interactions", *Geography and Environment*, Vol. 4, No. 1, 2017.

ICC (International Chamber of Commerce), *Ten conditions for a transition toward a "Green Economy"*, Paris: International Chamber of Commerce, 2011.

OECD, *Interim Report of the Green Growth Strategy*, Paris: Organization of Economic Cooperation and Development, http://www.oecd.org/env/.

OECD, *Low Emission Development Strategies (LEDS): Technical Institutions and Policy Lessons*, Paris: OECD, 2010b.

Pearce D., Markandya A., Barbier E. B., *Blueprint for a Green Economy*, Earthscan, London, 1989.

Stern, N., The Economics of Climate Change, *The Stern Review*, Cambridge: Cambridge University Press, 2006.

UNEP., *Toward a Green Economy Pathways to Sustainable Development and Poverty Eradication*, http://www.unep.org/greeneconomy/.

United Nations., *Green Growth, Resources and Resilience Environmental sustainability in Asia and the Pacific*, New York: United Nations, 2012b.

United Nations, *Transition to a Green Economy: Benefits, Challenges and Risks from a Sustainable Development Perspective*, New York: United Nations, 2012a.

附 录 一

调研成果

一 成果统计：文章、报刊和要报

（一）论文

（1）蒋金荷、马露露：《中国环境治理体系70年回顾和展望：生态文明的视角》，《重庆理工大学学报》（社会科学）2019年第12期。

（2）蒋金荷、马露露、张建红：《我国生态产品价值实现路径的选择》，《价格理论与实践》2021年第7期。

（3）蒋金荷、马露露、于宪荣：《我国绿色经济转型评价及转型驱动因素分析》（工作论文），2020年。

（二）报送

（1）蒋金荷、马露露：《设立"三色经济"试验区 促进革命老区脱贫发展的建议》，《要报·国办》2019年第195期。

（2）李玉红、张友国、蒋金荷：《有序推进扶贫项目深入开展的建议》，《要报·中办》2020年3月24日。

（3）刘建翠：《安徽芜湖高质量发展调研》，《要报·国情调研》2020年第52期。

（4）蒋金荷、马露露：《推动海洋产业高质量发展的建议》，《要报·研究报告》2020年第179期。

（5）蒋金荷：《关于加强"两山"理论研究与设立院调研基地的建议》（2019年5月2日向院科研局提交）。

（6）蒋金荷、马露露：《关于加强韶关市"十四五"区域经济发展规划的建议》（2020年10月12日，提交给韶关市发改委）。

（三）报刊

（1）蒋金荷：《新时代生态环境治理的思想指引》，《中国社会科学报》（经济学版）2019年12月25日。

（2）蒋金荷、于宪荣：《践行"两山"理念 推行生态文明建设》，《中国社会科学报》（院刊）2020年1月3日。

（3）蒋金荷：《"两山"理念的实践探索》，《中国社会科学报》（院刊）2020年5月22日。被《社科党建》2020年第2期转载。

（4）蒋金荷、马露露：《城市绿色转型 助力碳达峰碳中和》，《中国社会科学报》（经济学版）2021年4月7日。

二 当地相关报道

（1）《为丽水高质量绿色发展献计献策 中国社科院来丽调研"地区经济发展与环境保护问题"》，丽水社科发布（公众号），2019年4月26日。

（2）《中国社科院到韶关市开展地区经济发展与环境保护问题专题调研》，广东省社科院网站，2019年9月23日。

附录二

"两山"理念的实践探索

绿水青山就是金山银山的理念（以下简称"两山"理念），不仅是习近平生态文明思想体系的重要组成部分，也是推进环境治理体系和治理能力现代化的核心理念。"两山"理念所蕴含的生态与经济之间深刻的辩证关系，揭示了全新的生态环境经济发展观，一种经济生态共生互动的全新社会文明形态。践行"两山"理念，就是走生产发展、生活富裕、生态良好的文明发展道路，是建设美丽中国的必经途径。

生态环境治理体系的核心理念

人类文明的发展史，就是人类认识与改造自然、环境、生态的发展史。"两山"理念与党的十八大以来把生态文明建设纳入中国特色社会主义事业"五位一体"总体布局的战略部署是一致的。环境问题表象在技术，而其深层则在制度与发展理念。

"两山"理念的创造性在于突破了两种固有的传统环境经济观念：一是以"绿水青山"为代价换取"金山银山"的索取式环境经济观；二是在"绿水青山"与"金山银山"的矛盾中做适度取舍的折中式环境经济观。"两山"理念开拓出一个"绿水青山"本身就是"金山银山"的本体论转向的理论空间。这一理念颠覆了传统经济与生态之间的对立局面：发展经济，必定会对环境生态带来损耗和影响；树立起一种经济与生态全新的思维模式和认知范式："青山绿水"完全可以转换成"金山银山"。"生态"概念的内涵在此得到了极大的丰富和拓展，不仅指自然生态、文化生态、产业生态，更重要的是以生态的观念统筹联动经济、社会、文化网络中的各要素和环节，使之和谐共进，协同发展。环境与经济之本原是协同互化的关系，而非此消彼长的关系。

生态补偿价值理论

"两山"理念之于生态文明建设是引领性理念,即《生态文明体制改革总体方案》指出的,"树立自然价值和自然资本的理念,自然生态是有价值的,保护自然就是增值自然价值和自然资本的过程"[①]。这是在说,除了狭义上的生态价值,自然本身也是有市场价值的,自然也是财富、是资本。"两山"中的"绿水青山",在内涵上不仅仅是作为生物物理环境的"绿水青山",而且包括了自然资产、生态产品与生态服务,此即谓"自然资本"。"绿水青山就是金山银山",即作为资本的自然环境在其本质属性上就有着市场化的潜能和不可阻挡的倾向。

目前,中国理论界已对"两山"理念的生态意蕴、价值内涵、实践路径及政治经济学的学理创新等方面进行了较为深入的论证。笔者认为,"两山"理念转换通道机制研究是践行"两山"理念最重要的课题,尤其是生态系统服务功能补偿价值评估理论。这是以实现生态环境良性发展及资源永续利用为目的,以经济手段为主的资源环境保护激励与制约机制。生态系统服务功能补偿的主要内容包括:对生态系统本身保护或破坏的成本进行补偿;通过经济手段将经济效益的外部性内部化;对个人或区域保护生态系统和环境的投入或放弃发展机会损失的经济补偿;对具有重大生态价值的区域或对象进行保护性投入等。

践行"两山"理念模式探索:丽水市案例

党的十九届四中全会报告指出:"要健全充分发挥中央和地方两个积极性体制机制","赋予地方更多自主权,支持地方创造性开展工作"。针对环境治理领域而言,严格实行环境保护制度、建立资源利用制度、健全修复制度和言明责任制度,当前,核心任务就是在对"两山"理念的践行中,促进不同治理模式之间的协同互补,构建政府、市场、社会三大治理机制均衡发展的治理体系。

作为"两山"理念的萌发地和先行践行地,浙江省丽水市坚持"生态经济化、经济生态化",依托本地的生态资源优势,以打开"两山"转换通道为首要任务,努力把生态优势转化为经济优势,在推进生态文明建

---

① 《中共中央 国务院印发〈生态文明体制改革总体方案〉》,http://www.gov.cn/guowuyuan/2015-09/21/content_2936327.htm。

设、生态环境治理体系等方面开展了一系列富有成效的实践探索，如建立全国首个生态产品价值实现机制试点、采取多种管理运行模式等。笔者考察丽水市的实践探索，将其概括为以下几条践行"两山"理念的模式路径。

完善生态环境治理体系制度建设。当前生态文明建设和生态环境治理领域遇到的一些问题、矛盾，必须依靠体制机制的改革创新来解决。一是建立"政府主导、村级实施、市场运作、共享共赢"产权制度。厘清农村经营权、所有权的产权隶属关系，因村制宜，分步分时、多样化、流程化推进资源产权到户，顺应生态系统的调节服务功能，变被动治理为主动治理；建立绿色发展奖惩机制、生态补偿机制、抵押贷款创新机制以及专项激励机制等管理模式，统筹推进生态保护、招商引资、品牌溢价。二是集成小生产主体，创建品牌运行体系。由政府规划和引领，整合和集成低、小、散、弱的生产主体，创办农业生态协会，采取两块牌子一套人马的运行机制，施行总—分公司的企业层级架构。全程溯源监管，加速生产的标准化进程，保证产品优势。采用子母品牌模式，整合网商、店商、微商，形成"三商融合"营销体系，拓宽营销渠道。实现生产、营销和消费的全面对接。三是搭建公共服务体系。政策扶持、协会带动、抱团企业，创建以"物联网＋大数据"为基础的信息化服务系统。建设集培训、信息共享、经验交流、供应链管理为一体的电子商务平台。在当地旅游景点建设线下商品转化网点。组织博览会、品牌宣传活动。完善市场调研和品牌考核机制并落到实处。

聚焦精准扶贫，实施绿色节约高效利用资源的政策体系。结合各地区发展状况，研究制定构建清洁低碳、安全高效的能源体系，健全资源节约集约循环利用的政策体系，实行垃圾分类和资源化利用制度，着力构建政府为主导、企业为主体、社会组织和公众共同参与的生态环境治理体系，全面提升生态环境治理能力现代化水平。一方面，聚焦精准扶贫，推进农村光伏项目。打造清洁能源和"能源经济"增收特色品牌。因地因人制宜，分类分项解决资金、选址等难题。整合利用各级政府的配套资金、政策补助等多方资金。强化政企抱团，撬动光伏产业全面升级。另一方面，实现资源节约循环高效使用。鼓励因地制宜创办企业，开展清洁生产、绿色企业示范带动，形成生态、经济和人力资源的链式融合。在水电扶贫、光伏扶贫、办厂扶贫的同时，通过环保改造，形成企业发展、人民增收与环境保护的良性循环。

强化技术推广，建立生态系统保护和永续利用机制。探索和挖掘本地自然资源、生态资源的优势，着力放大本地优势在最广范围的影响力。集中力量科技攻坚，强化科研创新，结合当地人力资源成本优势，采取"公司＋农户"形式，以农业多功能、多目标的开发利用，促进农民增收从资源型、收益型向生产服务型转变，建立环境友好、社会有益、经济可行的乡村振兴发展新模式。一是强化技术推广。以生态资源保护为根本，依托先进技术，发挥优势资源的生态价值和市场价值。推进生态共生的示范基地建设，保证保护区的原生态生物多样性。二是推动产业延伸。政府在实行政策扶持和资金扶持的同时推行长效维护机制，推动集共生系统保护、共生技术示范、农业文化遗产展示、农耕文化体验观光为一体的产业园区建设，扩展产业布局，推进产业融合，促进产业转型升级。三是加强人文建设，弘扬"三农"文化。利用生态补偿机制，全面落实生态人文制度化。建立"政府主导、分级管理、多方参与"的保护机制，成立专门的农业文化遗产管理部门、农业文化遗产宣传教育展示馆，确保发展与保护并重、经济与生态双赢。深化农旅、文旅融合，发挥生态产业、生态建筑的文化功能。

践行"两山"理念，就是推进生态环境治理体系和治理能力现代化。在新时代全新生态环境经济发展观指导下实现自然资源向自然资本的转化，实现自然资本市场化，市场效益反哺自然环境，达到自然资本的有效增值和环境改善的良性互动。丽水市对打通"两山"转换通道富有成效的探索，为社会提供更多优质生态产品，不断满足人民日益增长的优美生态环境需要，无疑具有理论研究价值和实践指导意义。

作者：蒋金荷

（来源：《中国社科院专刊》2020年5月22日，总第518期）

附录三

城市绿色转型　助力碳达峰碳中和

2020年9月，习近平主席在第七十五届联合国大会一般性辩论中向全世界庄严宣布，中国将力争于2030年前实现碳达峰，在2060年前实现碳中和。这是全球应对气候变化历程中的里程碑事件，体现了中国作为世界第二大经济体的责任与担当。推动城市绿色转型，对建立健全多层次绿色低碳循环发展的经济体系，实现碳达峰与碳中和目标至关重要。

实现经济绿色低碳增长是所有城市发展面临的共同问题。面对基础设施更新、产业结构和能源结构调整的压力，不同发展水平地区绿色转型的进程是不同的，因而，实现碳达峰与碳中和的路径也是不一致的。对于不同城市来说，碳排放的程度并不相同，因此，各地需要根据城市的不同资源禀赋类型和发展特点，有针对性地制定绿色发展措施，提出符合城市状况的低碳发展轨迹。

推动资源型城市可持续转型

以资源产业为主要驱动的社会经济发展方式推动了资源型城市的城市化进程，但由于对资源部门的过度依赖，导致产业结构单一，加上长期发展对创新的需求重视不够，创新供给的不足使得资源枯竭后缺乏发展动力，面对粗放型发展阶段遗留的环境"欠账"问题，推动资源型城市可持续发展要从以下两个方面着手。

第一，构建资源型城市转型长效机制。资源型城市转型是一个漫长的过程，要注重长效机制构建，建立资源开发补偿机制、后续替代产业发展的扶持机制等。发展合适的替代产业，通过中央和地方财政建立专项基金，支持替代产业发展。改善投资环境，建立良好的经济秩序，制定包括土地、融资和税收等优惠政策，加强基础设施建设，吸引外来投资，促使其他行业企业进入资源型城市。大力发展中小企业，为大型企业提供配套服务，形成产业聚集，从而提高区域竞争力。

第二，实施绿色投融资政策，促进传统产业链改造升级。积极运用投资融资政策，促进资源型城市转型。加大绿色创新招商引资力度，对在资源型城市进行绿色创新的企业设置设备资金融资和运转资金融资，在绿色金融与产业优化升级方面加强探索，完善绿色金融项目标准及评估办法。加大产学研力度，利用政府出资、金融融资、民间筹资的模式加大科技创新投入，推动产业链条向低碳生产转型，向产品附加值高的一端延伸，实现传统优势产业增值升值，在提升产业链条增值的同时，尽可能地延长产业链，走循环经济之路。

创新制造业城市绿色发展模式

由于制造业自身能源消耗较大的特点，其面临着碳减排的硬约束，而国内制造业城市多数以传统产业为主，且存在大量同质企业、低端产品趋于过剩，绿色创新投入缺乏、创新要素集聚能力不强，同时绿色发展政策制定存在差距，环境标准"一刀切"也不利于城市发展。创新制造业城市绿色发展模式要从以下两个方面发力。

第一，推进转型升级突破，建设生态绿色园区。根据城市产业布局的特点，"十四五"时期，将现有的传统产业和战略产业融合发展，进一步加大政策支持力度。推动企业技术改造升级，促进产业结构调整向技术密集型、知识密集型发展，降低技术链低端产品的比重，提高技术链高端产品的比重。大力发展产业集群，通过集聚经济效益加速推进绿色经济，建设生态、绿色工业园，选择示范企业。根据循环经济理念，以产品生态设计、循环利用、清洁生产等措施节能减排，建立工业共生和代谢生态链关系，打造循环型工业主体。

第二，完善绿色政策制定，推动创新要素集聚。在进一步严格生态环境保护红线的基础上，细化禁止"一刀切"的措施，提高政策可操作性。对战略性新兴产业、现代服务业、环境友好成长型企业，加大扶持力度，坚持优化服务与严格监管并重，引导激励和约束惩戒并举，为企业绿色发展创造良好外部环境。加快公共科技服务平台建设，为绿色创新企业提供技术和信息支持，加强与科研院所及高校合作，加快科技成果转移转化，加快形成有利于创新成果产业化的新机制，使技术与经济无缝对接、创新与产品无缝对接、项目与市场无缝对接、人员待遇与创新力度无缝对接。按照城市绿色发展目标，确立人才优先的战略布局，为产业结构调整储备高科技、高知识人才，打造高层次创新型科技人才队伍。

实现生态型城市生态价值

生态资源在减缓和适应气候变化中具有不可替代的作用，但由于其流动性、跨区域等特征，难以清晰界定产权和责任，也难以明确受益主体，生态产品市场建设的内生动力不足。生态资源要素流入门槛较高，资本、人才支撑不足，生态交易体系不完整、产权初始分配不公、市场化程度不高等问题致使能进入市场交易的生态产品或生态服务很少，影响了生态城市生态资源价值的实现。实现生态型城市生态价值有两条建议。

第一，完善产权制度建设，加快生态产品价值实现。建立生态产品经营及交易的基础性制度保障，加快建立生态资源资产产权制度，促进生态资源按照市场规律实现价值，提高生态产品供给水平。生态产品的重要基础生态功能，包括维系生态安全、提供良好环境等生态调节服务价值的实现，是典型公共物品的供应，需要通过政府主导的路径来保障价值实现。生态物质产品、生态文化服务、生态资源使用权等生态产品价值实现依赖于市场机制的调节作用，需要政府和社会资本的合作，在加大国有资本投入的同时积极引入社会资本，推动生态产品市场化建设，支持生态产品生产企业和生态环境服务企业发展，培育多元化生态市场主体，引导供求匹配，在确保生态功能的前提下，实现生态资源经济价值最大化。

第二，加大生态创新力度，促进生态价值提升。生态创新是技术推动、市场拉动和环境治理共同作用的结果，要加大不同行业间的跨产业生态技术创新的应用，包括信息和通信技术、工业生物技术和生态设计等，突破跨产业平台生态创新技术推广的障碍。生态创新的战略选择事关国家在世界上的战略地位，从企业生态创新、国家生态竞争战略、经济发展模式生态化转型和生态创新治理等战略方向重视生态创新的作用，加强国家层面的生态创新研究，从经济政策、社会治理等方面加强生态创新的制度建设，开展环境技术行动计划与创新框架研究项目，促进探索利用数字技术赋能生态产品价值实现的机制。

打造绿色城市发展之路

从完善体制机制出发，改变目前国内城市不平衡、不协调和不可持续的经济发展模式，实现绿色、具有竞争力和包容性的可持续发展城市，需要从以下几个方面着手。

推动绿色发展体制机制创新。改变唯 GDP 至上、以牺牲环境和社会和谐为代价的发展方式，过度消费等不符合可持续发展理念的观念和行为，进一步明晰政府职能，建立起政府行为的公众监督和问责制度，依法建立促进经济转型和激励创新的机制和体制。鼓励绿色生产、绿色投资和绿色消费，建立落后产能淘汰补偿和生态补偿机制，通过产权和定价方式改革，建立对资源产权的保护和补偿机制。

加强城市绿色经济技术创新。鼓励实施基于各类型城市潜力的绿色发展战略，充分发挥和挖掘资源型城市在产业升级、研发创新、生态环境修复等方面的能力和潜力，健全资源枯竭型城市绿色转型补偿机制，推动资源使用和受益地区直接向资源开采地区支付合理的补偿，国家财政给予必要的补充。发挥制造业城市产业链完整、交通基础完善、人力资源充沛的优势，大力发展战略性新兴产业、现代制造业以及新能源产业等。充分发挥生态城市自然资源丰富的优势，推动生态产品价值实现。

建立绿色发展市场服务体系。完善碳排放权交易市场，开展交易产品和交易方式多样化试点，推行排污权交易制度，扩大排污权有偿使用和交易试点，将更多条件成熟地区纳入试点。搭建城市绿色金融综合服务平台，进一步发展绿色金融，充分发挥财政的杠杆作用，吸引社会资本投入战略性新兴产业、科技创新、现代服务业等，充分发挥风险投资、股权投资、保证保险、金融租赁等金融工具在绿色经济发展中的积极作用。

作者：蒋金荷　马露露

（来源：《中国社会科学报》2021 年 4 月 7 日）

附录四

调研纪要

一 丽水市调研纪实

"秀山丽水，天生丽质"，这是习近平总书记对丽水的盛赞。作为浙江省陆地面积最大的地级市，丽水市有着独特的地理优势与自然风貌，山是"江浙之巅"，水是"六江之源"。多年来丽水市坚持发展生态经济，努力把生态优势转化为经济优势，生态环境状况指数连续15年领跑全省，经济增速位列省内11个市首位，农民收入增幅连续10年位居全省第一。绿水青山就是金山银山，对丽水市来说尤为如此。

观其山水灵动，助己生态之行。丽水市"生态经济化、经济生态化"的发展方式值得全国各地学习借鉴。恰四月风光正好，中国社会科学院数量经济与技术经济研究所蒋金荷研究员带队来到浙江省丽水市，就丽水市生态产品价值实现机制、实施乡村振兴战略与农村环境治理等情况进行了考察。

4月24日上午，调研组在市行政中心会议室进行了以"地方经济发展与环境保护"为主题的座谈。丽水市相关部门领导介绍了近年来丽水市取得的累累硕果：2006—2017年这十年间，丽水市国内生产总值（GDP）增长了2.7倍，年均增长率达12.3%。生态系统生产总值（GEP）从2096亿元增长到4673亿元，按可比价格计算，增幅达86.79%，实现了GDP和GEP"双增长"。2018年市区空气质量在全国169个空气质量排名城市中位居第五，全省排名第一；PM2.5平均浓度为28微克/立方米，全省排名第二。全市生态环境保护工作以环境质量改善为核心，以污染防治攻坚战为主战场，朝着打造美丽浙江大花园最美核心区目标迈出了坚实步伐。

附图 1　调研组在丽水市政府调研座谈会现场

此次丽水之行，给调研组留下的最深刻印象，便是那依山傍水、如诗如画的古村落了。此次调研组共参观了三个古村落，分别是下南山村、平田村和陈家铺村。这些古村落虽然历史悠久，文化底蕴深厚，但由于长期以来产业结构单一，经济发展滞后，导致许多村民为了脱贫而搬迁到山下。"空心村"的形成导致许多古屋无人看管维护，慢慢地便有了房屋漏雨、梁架倾斜、墙体开裂等一系列问题。眼看千年古村就这么逐渐衰落了，丽水市政府推陈出新，因地制宜，将一个个古村落打造成了高端原生态度假村。这一举措既破解了乡村建设可持续发展难题，又增加了当地村民的就业机会与收入，可谓一举两得。

4 月 24 日下午，调研组到下南山村进行了参观。下南山村通过引进浙江联众休闲产业集团有限公司 6000 多万元的投资，使其蝶变成为融古村落文化传承、乡村民俗体验与休闲度假于一体的欢庭·下南山生态度假村。据负责人介绍，在联众集团和村集体签订的 30 年的经营权转让协议中规定，自 2017 年 9 月开始，联众集团前 5 年租金为 20 万/年，之后每 5 年租金上浮 8%，这部分租金村集体与村民按三七的比例分成，加上村口修整的杨梅市场场地也出租给公司用作配套停车场，每年仅靠这两项就可为村里带来 11 万元的收入。2017 年，该村集体经济总收入突破 50 万元，年经营性收入达38.95万元。

附图2　下南山生态度假村

附图3　下南山生态度假村老民房

4月25日，调研组来到了平田村。平田村地处植物茂密的山区，海拔 600 多米，一年中有 200 多天云雾缭绕，因此被人们称为"云上平田"。据负责人介绍，平田村本来只是一个有着几百名村民的偏远小村庄，但在近几年它却凭着自然貌美、乡贤投资以及当地政府的"活化"传统古村落政策，吸引了来自哈佛、清华、港大等的建筑设计大咖们在此驻扎。他们对村庄进行公益设计，保护性改造村里 28 栋闲置的古民居房，同时植入了农耕文化保护馆，使得"云上平田"摇身变成了具有国际范儿的深山民宿村。2015 年 8 月"云上平田"试营业，因牵手古村民宿业，昔日冷清落后平田村人气倍增，声名远播，总计接待游客近 20 万人次。到 2016 年 3 月底，营收达百万元。现如今，"云上平田"乡村慢生活体验区已有归云居、晚秋民宿、木香草堂、葫芦居等民宿，餐厅、会议室、音乐剧场、茶室、无线网络等各种休闲娱乐场所与设施更是一应俱全。

附图 4 "云上平田"深山民宿村

从平田村参观完，调研组又来到了处在悬崖边上的陈家铺村。该村有着 600 年的历史，房屋依山而建，被梯田、竹林、古树、山峦簇拥，是崖居式古村落的代表，也是松阳古村落的一大瑰宝。村民自古以来靠上山伐木、采摘箬叶为生，村集体经济薄弱，村民收入微薄。2016 年 5 月，在村支部书记的领导下，陈家铺村成功引入先锋平民书局与云夕乡土艺术酒店两大项目,"崖居山庄"开始有了外来资本投资。据负责人介绍,陈家铺平民书局所在建筑原本是村里的文化礼堂旧址,建筑师张雷及其设计团队把整个书店打造成为一种店中店的构造。建筑二层周围被完全打通,只有一条窄窄的楼梯可供上下,这使得它的独立感更加突出,整体色调温暖而空灵。阅读室采用半通透的网格书架扩展区域空间,其窗户的位置设计更为巧妙,游客在望向窗外的时候就可以窥见村落的整个崖居样貌。除了优美的主题建筑,陈家铺平民书局还包括了作家写作中心、乡村建设研习实践基地等子项目。开业至今,这个松阳的小山村吸引了余秀华、阿忆、林白、蓝蓝、鲁晓敏以及音乐人钟立风等文化名人前来旅游休闲。

附图 5　悬崖边上的陈家铺村

古村落是中国文化的地下层,承载着中国人厚重的文化底蕴,丽水市在古村落开发保护上的做法值得各方学习借鉴。希望在"绿水青山就是金山银山"理念指引下,丽水市继续以"丽水之干"担纲"丽水之赞",真正实现"要让城市融入大自然,不要花大气力去劈山填海,很多山城、水城很有特色,完全可以依托现有山水脉络等独特风光,让居民望得见山、看得见水、记得住乡愁"①。

---

① 习近平:《在中央城镇化工作会议上的讲话》(2013 年 12 月 12 日),见《十八大以来重要文献选编》(上),中央文献出版社 2014 年版。

附图 6　上面四张图片为调研组一行在丽水市古村落调研

二 芜湖市调研纪要

芜湖古称鸠兹，有文字记载的历史已有 2500 多年，公元前 109 年置县，始称"芜湖"。古代芜湖得两江交汇、舟楫之利，农业、手工业、商业比较发达，宋代冶炼业走向鼎盛，明代成为当时的全国印染中心，1876 年《中英烟台条约》被辟为对外通商口岸。近代芜湖是长江中下游地区工商业的发祥地和全国四大米市之一，素有"长江巨埠、皖之中坚"的美誉。芜湖现辖四县四区，市域面积 6026 平方千米，人口 385 万人，其中市区面积 1491 平方千米，人口 146 万人。近年来，该市深入学习贯彻习近平新时代中国特色社会主义思想和党的十九大精神，坚持以新发展理念统领发展全局，深入推进供给侧结构性改革，着力抓好三大攻坚战、高质量发展、全面从严治党等重点工作，实现了经济平稳健康发展，社会大局和谐稳定，党的建设全面加强。"十二五"期间，全市地区生产总值年均增长 12.5%，增速居全省第一；人均地区生产总值突破 1 万美元；累计完成固定资产投资超过 1 万亿元；财政收入翻了一番多。先后获批建设国家创新型城市，成为全国文明城市、国家森林城市、水生态文明城市、数字经济百强城市，入选中国社会科学院评选的改革开放 40 周年发展最成功的 40 座城市。

2019 年 12 月 4—8 日，中国社会科学院数量经济与技术经济研究所研究员、环境与发展研究中心副主任蒋金荷带队赴安徽芜湖市调研，以集中座谈和实地调研等方式，对芜湖市经济与环境保护、创新发展等方面进行考察。此次调研是为了深入了解芜湖市在绿色、创新经济发展中的相关经验教训，为实现中国经济高质量发展提供参考。调研团队成员有李玉红、刘建翠、刘政、孙博文、马露露、于宪荣等。芜湖市政府办公厅秘书二科科长汪振林全程陪同调研。

12 月 5 日上午，调研组与芜湖市政府相关部门进行了座谈，芜湖市政府副秘书长、办公室主任胡家宏主持会议，芜湖市发改委、经信局、生态环境局、住建局、商务局、自然资源规划局、数据资源管理局、科技局、财政局、交通运输局、农业农村局、文化旅游局、地方金融监管局等部门参加了此次座谈。蒋金荷研究员首先对参与座谈会的各部门表示了感谢，并介绍了调研目的：芜湖市作为长江经济带中的重要城市，在经济发展各方面取得了很好

附图 7　调研组在芜湖市政府调研座谈会现场

的成果，希望可以了解芜湖市生态经济建设的主要做法及经验总结，为实现高质量绿色发展提供对策建议。随后各部门围绕调研主题依次做了汇报。在听取汇报后，蒋金荷研究员对芜湖市取得的成绩给予充分肯定，认为其各项工作落实与党中央保持了高度一致，就本次调研来说，芜湖市在经济发展与环境保护方面做得非常出色，做法与经验值得推广。

　　12月5日下午，调研组赴芜湖经济技术开发区参观考察。据了解，芜湖经济技术开发区于1990年设立，并于1993年4月经国务院批准为国家级经济技术开发区（以下简称经开区）。经开区从0.5平方千米起步，历经四次规划调整，目前规划面积为118.28平方千米。在经开区负责同志的带领下，调研组主要参观了奇瑞汽车股份有限公司、伯特利汽车安全系统股份有限公司和楚江科技新材料股份有限公司三家企业。奇瑞汽车股份有限公司成立于1997年，公司成立以来，坚持自主创新，逐步建立起完整的整车制造技术和产品研发体系，产品出口海外80余个国家和地区。伯特利汽车安全系统股份有限公司始建于2004年6月，是一家专业从事汽车安全系统相关产品研发、制造与销售的企业，是国内具备整车制动系统开发能力的国家级高新技术企业。而楚江科技新材料股份有限公司是一家专业从事铜及铜合金基础材料研发和制造、高端热工装备及军工新材料研发与制造的集团化公司。

附录四　调研纪要　/　161

附图 8　上面三张图片为调研组一行在芜湖经济技术开发区调研

12月6日上午，调研组赴鸠江区机器人产业园参观考察，现场调研了埃夫特智能装备有限公司、酷哇机器人有限公司以及行健智能机器人有限公司企业。该机器人产业园是目前已建成的唯一的国家级机器人产业集聚区，汇聚产业链企业120余家。埃夫特智能装备有限公司为该园区的龙头企业，目前在6个国家拥有13个子公司，已经启动科创板上市。酷哇机器人有限公司成立于2015年，专注于城市动态场景下无人驾驶技术，全场景作业服务机器人技术。行健智能机器人有限公司成立于2015年9月，专业从事焊接切割智能化自动化装备研发和生产。

附图9　上面四张图片为调研组一行在鸠江区机器人产业园调研

12月6日下午，调研组赴芜湖县考察。首先参观了六郎镇北陶村，该村位于六郎集镇中心，G329国道贯穿全村，交通便利，区位优势明显。全村人口4218人，下辖29个村民组、1100余户。近年来北陶村以创建"枕水官巷"4A级景区为契机，突出党建引领，以求真务实的干劲努力将北陶村打造成六郎镇乡村振兴的领头雁。

随后，调研组参观了三个通用航空产业：安徽卓尔航空科技有限公司，一家设计、研发、生产、销售及维护通用航空所需的各类螺旋桨和旋

附图 10　上面两张图片为调研组一行在芜湖县六郎镇北陶村调研

转翼的专业公司；雄名航空科技股份公司，目前国内唯一能自行设计、制造端面直齿、断面弧齿、端面梯形齿的企业；中电科芜湖钻石飞机制造有限公司，一家由中国电子科技集团和芜湖市共同投资组建，从事通用飞机、其他航空器及配套设备等产品研发、生产、销售、维修与服务的国有控股高新技术产业。

12 月 7 日上午，调研组赴高新区考察。调研组首先参观了十里江湾公园，该工程总投资 1.8 亿元，北起青弋江，南至澛港大桥，东靠长江大堤，总堤长约 7.2 千米，总面积约 252 公顷。全园包括江堤生态活动区、

附图 11　上面两张图片为调研组一行在芜湖县通用航空产业园调研

滨江滩涂风貌区、林间湿地风貌区三大生态分区，是一个自然生长的绿地、一个恢复自然生态江滩风貌的示范林地、一个展现芜湖长江文化的生态长廊。

随后，调研组参观了三只松鼠公司，该公司在短短六年多时间内，销售额从2012年的400万元增至2018年的100亿元，成功登陆深圳创业板，成为芜湖第20家上市公司。随后，调研组还前往了忠旺铝合金精深加工有限公司、奇瑞新能源汽车公司以及安美利特环保材料科技有限公司参观。

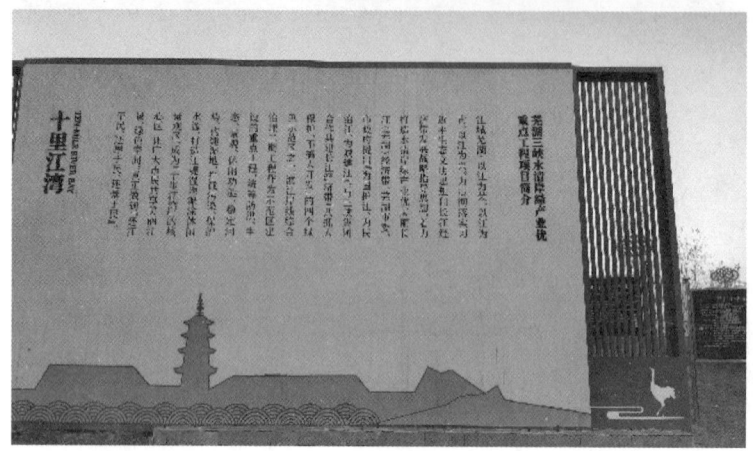

附图 12　上面两张图片为芜湖高新区十里江湾公园

附图 13　上面四张图片为调研组一行在芜湖高新区企业调研

12月7日下午，调研组赴繁昌县考察，主要参观了春谷3D打印产业园、爱瑞特新能源环卫车公司以及峨山头矿山。安徽省春谷3D打印产业园位于繁昌经济开发区内，规划占地430亩，主要建设企业厂房、实验室大楼、产业研究院大楼、邻里中心及相关配套设施，调研组现场参观了哈特三维、春谷激光、安徽恒利等企业。爱瑞特新能源专用汽车股份有限公司创建于2004年，总占地284亩，是国内从事新能源环卫设备生产、研发、销售的行业领头企业。该公司无人驾驶环卫车辆已研发下线，并亮相2019年杭州环卫车展。峨山镇峨山头废弃矿山地质环境治理项目位于繁昌县城东峨山镇省道S216西侧和芜大高速北侧，项目区由4个露采废弃矿山组成，过去因长期开采造成大面积裸岩，存在地质灾害隐患和视觉污染，2014年启动了峨山头项目的治理工作，已完成各项建设任务，现场复绿效果良好。

附图14　上面四张图片为调研组一行在芜湖繁昌县3D打印园、峨山头矿山修复现场调研

通过此次实地调查研究和学习考察，调研组深入了解了芜湖市在推动智能制造、传统产业转型升级、数字化新零售、长江经济带生态修复与长三角一体化等方面的举措和工作成效，收集到多项建设性的意见和建议，为院重大国情调研项目的研究提供了实践支撑。同时调研组将以调研为契机，进一步加强与地方政府合作，发挥研究优势，服务地方社会发展。

三　韶关市调研纪要

韶关市位于广东省北部，地处五岭山脉南麓，北江中上游地区，内联珠三角，外接湘赣，是中国南方的交通要冲，有广东的北大门之称。韶关市作为全国第一批57个生态文明先行示范区建设地区之一，尤其自党的十八大以来，该市坚持以习近平新时代中国特色社会主义思想为指导，积极践行创新、协调、绿色、开放、共享的新发展理念，认真谋划蓝图推动高质量发展，同时坚定落实"绿水青山就是金山银山"理念，对标省委省政府提出的"筑牢广东生态屏障"的发展定位，坚持生态优先、绿色发展，融入珠三角、服务大湾区，保护生态环境，壮大生态经济，打造生态城市，着力把生态资源优势转化为发展优势。

2019年9月17—20日，中国社会科学院数量经济与技术经济研究所研究员、环境与发展研究中心副主任蒋金荷带队赴韶关市调研，通过召开座谈会、实地走访等形式对韶关市的地区经济与环境保护相关方面进行考察。此次调研是为了深入了解韶关市作为资源枯竭性城市在经济社会可持续转型方面的主要措施、面临的困境和经验总结。调研团队成员有李玉红、刘政、孙博文、马露露、白羽洁等。韶关市政协副主席、发展中心主任、广东省社会科学院韶关分院院长张文铭、办公室主任杨志明全程陪同调研。

9月18日上午，调研组与韶关市政府相关部门进行了座谈，张文铭主持会议，韶关市发改局、科技局、工信局、财政局、自然资源局、生态环境局、住建管理局、交通运输局、农业农村局、文广旅体局、金融局、林业局、税务局以及市发展研究中心有关人员参加了此次座谈。在听取汇报后，蒋金荷研究员对韶关市发展经济以及进行环境保护及生态修复等方面取得的成绩给予充分肯定。同时她认为，韶关市今后的发展应紧跟中央政策，可以以"红色"作为发展基调，并指出韶关市的发展值得在绿色金融和绿色制造等方面继续努力，推动韶关市经济发展以及环境保护工作再上新台阶。

9月18日下午，调研组一行前往乐昌誉马庄园进行走访调研。乐昌市农业局工作人员、誉马庄园相关负责人陪同参观，并介绍了庄园的现有规模、今后发展规划等，以及誉马庄园的发展对当地经济、扶贫、就业等做出的重要贡献。调研组一行还与相关政府人员及庄园相关负责人进行简要座谈，就对乐昌市农业农村方面的工作及扶持酿酒葡萄产业发展等的情况进行了探讨交流。

座谈之后，调研组一行对广东润粮科技有限公司进行了参观走访。润

附图15　调研组在韶关市政府调研座谈会现场

附图16　调研组在乐昌誉马庄园走访调研

粮农业香芋三产融合区作为省级现代农业产业园"乐昌市香芋产业园"重点项目,预计建设香芋、马蹄等特色农产品生产厂房1600平方米,实现土地流转980亩,同时引入科技研发和信息建设,推进香芋马蹄的品种改良,加强质量安全控制,并借助电子商务平台来提高优质农产品的展销展示(见附图17)。

9月19日上午,调研组对宝武集团广东韶关钢铁集团有限公司进行了实地考察。在参观过程中相关负责人介绍了韶钢生产的宽中厚板、线材、棒材三大系列的产品和高强度凹型螺纹钢线、生铁、钢坯、气体、焦炭及其化工产品等的产品，并介绍说韶钢的产品已被广泛应用于高层建筑、桥梁、船舶、隧道、地铁、公路等的工程建设。2017年，韶钢的铁和钢的产量分别达到629.7万吨和687.3万吨，总体来看，韶钢在2017年共创造了261亿元的年营业收入（见附图18）。

附图17　润粮现代农业产业园

附图18　广东韶关钢铁集团有限公司

随后，调研组一行与韶钢松山股份总裁等相关人员举行了座谈会。会上韶钢松山股份总裁介绍了韶钢发展的历史沿革，并讲解了韶钢如何与大数据等高技术相结合，通过智慧集控中心实现大规模集控、无边界协同和大数据决策，实现了"从零距离到 5 千米"，使公司得以达到本质化的保障工人安全和营造出人文化的工作环境，指出通过智慧集控中心的建立使生产的效率也得以提升（见附图 19）。

附图 19　调研组在韶关钢铁集团座谈

9 月 19 日下午，调研组一行前往大宝山矿区进行实地考察。大宝山矿的相关负责人带领参观了采矿工地。大宝山矿，1958 年建矿，1966 年正式投产，是一座大型多金属矿床，矿区主矿体上部为褐铁矿体，储量为 2000 万吨；下部为大型铜硫矿体，储量为 2800 余万吨，并伴有钨、铋、钼、金、银等多种稀有金属和贵金属。主产品为成品铁矿石、铜精矿、硫精矿和一级电解铜（见附图 20、附图 21）。

相关负责人主要就开采后的生态修复情况带领调研组一行进行实地考察并进行详细的讲解。大宝山矿业有限公司的生态修复项目正在进行中，就已完成的部分看，与开采后原貌图相比较，植被生长较为茂盛，生态项目对开采过后的矿区土壤修复效果明显。这个成果获得了中央环保督察组领导的高度认可（见附图 22）。

附图20　调研组在大宝山矿区采矿现场调研

附图21　大宝山矿区加工生产现场

通过此次实地调查研究和学习考察，调研组深入了解了韶关市在推动可持续发展、实现经济和环境协调发展的实践做法，对韶关市在资源枯竭型城市转型过程中遇到的困难有了具体的认识，为院重大国情调研项目的

附图 22　大宝山矿区生态修复项目现场

研究提供了实践支撑，同时将以调研为契机，进一步加强与地方政府合作，发挥研究优势，服务地方社会发展①。

---

① 注：调研纪要中的所有图片均为调研组拍摄。

后　记

本书是中国社会科学院国情调研重大项目"低碳转型下，地区经济绿色发展的路径选择与差异性研究"（GQZD2019007）的最终成果。项目负责人为中国社会科学院数量经济与技术经济研究所蒋金荷研究员，她负责调研报告总体框架设计、每次调研提纲的拟定、典型城市的选择、部分章节的编写以及最后统稿、定稿。参与各章具体内容写作分工如下：

第一至第三章：蒋金荷撰写；

第四章：蒋金荷、刘建翠、马露露、于宪荣撰写；

第五章：马露露、孙博文、刘政、于宪荣撰写；

第六章：马露露、孙博文、刘政、白羽洁撰写；

第七章：蒋金荷、马露露撰写；

第八章：蒋金荷、马露露撰写；

感谢课题组成员李玉红研究员参与调研，并根据调研完成了要报；感谢研究室主任张友国研究员、王红副研究员、朱兰助理研究员为本调研报告的完成提供了帮助。特别感谢所领导、科研处、办公室、财务室的大力支持，尤其是科研处提供对外联络协调的无尽帮助。

在本书付梓之际，当然最需要感谢的是三个调研城市的大力支持和周到安排。尤其是陪同我们一起调研的相关部门负责同志，如丽水市社科联副主席叶俊教授（挂职干部）、秘书长叶笑菲、芜湖市政府办公室主任汪振林、韶关市政协副主席（兼韶关市发展研究中心主任）张文铭、韶关市发展研究中心研究部主任杨志明等。

每次一个城市调研尽管只有短暂的4—6天，但是，最后我们都是依依不舍地离开。大家既被当地政府有关部门的紧张细致的工作安排所感动，也对中国各地近些年来发展取得的成就留下了深刻印象。

不忘初心，期待中华大地山更绿、水更清、人更美！